珍藏本·增订本

纪念版

汉译世界学术名著丛书

风土

〔日〕和辻哲郎　著

陈力卫　译

商务印书馆
SINCE 1897
The Commercial Press

Watsuji Tetsuro

FUDO

©1935, 1960 by Masako Watsuji

Originally published in Japanese by Iwanami Shoten, Publishers, Tokyo, 1935.

This Chinese（simplified character）Language edition published in year of publication

by The Commercial Press, Beijing

by arrangement with the author c/o Iwanami Shoten, Publishers, Tokyo

本书根据岩波书店 1979 年版译出

汉译世界学术名著丛书
（120 年纪念版·珍藏本）
增订本出版说明

2017 年 10 月，为纪念商务印书馆创立 120 周年，本馆推出“汉译世界学术名著丛书”（120 年纪念版·珍藏本），计七百种。近五六年来，仰赖学界同人倾力支持，订正旧译，增补新译，拓展新著，积累日多。为满足读者需要，本馆在七百种的基础上，继续推出“汉译世界学术名著丛书”（120 年纪念版·珍藏本·增订本）三百种。至此，“汉译世界学术名著丛书”累计出版已达千种。

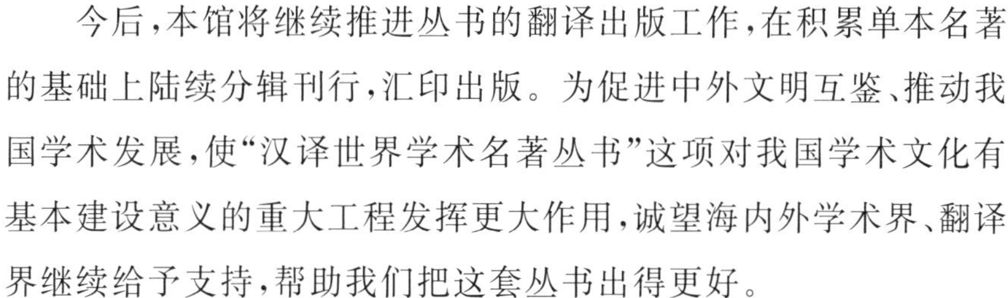

今后，本馆将继续推进丛书的翻译出版工作，在积累单本名著的基础上陆续分辑刊行，汇印出版。为促进中外文明互鉴、推动我国学术发展，使“汉译世界学术名著丛书”这项对我国学术文化有基本建设意义的重大工程发挥更大作用，诚望海内外学术界、翻译界继续给予支持，帮助我们把这套丛书出得更好。

商务印书馆编辑部

2024 年 2 月

汉译世界学术名著丛书
（120年纪念版·珍藏本）
出 版 说 明

2017年2月11日，商务印书馆迎来120岁的生日。120年前，商务印书馆前贤怀揣文化救国的理想，抱持“昌明教育，开启民智”的使命，立足本土，放眼寰宇，以出版为津梁，沟通中西，为中国、为世界提供最富智慧的思想文化成果。无论世事白云苍狗，潮流左右激荡，甚至战火硝烟弥漫，始终践行学术报国之志，无改初心。

逐译世界各国学术名著，即其一端。早在20世纪初年便出版《原富》《天演论》等影响至今的代表性著作，1950年代后更致力于外国哲学和社会科学经典的译介，及至1980年代，辑为“汉译世界学术名著丛书”，汇涓为流，蔚为大观。丛书自1981年开始出版，历时三十余年，迄今已推出七百种，是我国现代出版史上规模最大、最为重要的学术翻译工程。

丛书所选之书，立场观点不囿于一派，学科领域不限于一门，皆为文明开启以来，各时代、各国家、各民族的思想与文化精粹，代表着人类已经到达过的精神境界。丛书系统译介世界学术经典，引领时代思想，为本土原创学术的发展提供丰富的文化滋养，为推动中国现代学术和现代化进程做出了突出的贡献。

为纪念商务印书馆成立120周年，我们整体推出“汉译世界学术名著丛书”120年纪念版的珍藏本，寄望既利于文化积累，又便于研读查考，同时向长期支持丛书出版的译者、编者和读者致以敬意。

两甲子后的今天，商务印书馆又站在了一个新的历史时间节点上。我们不仅要铭记先辈的身影和足迹，更须让我们的步伐充满新的时代精神。这是商务人代代相传的事业，更是与国家和民族的命运始终紧密相连的事业。我们责无旁贷，必须做好我们这代人的传承与创造，让我们的努力和成果不仅凝聚成民族文化的记忆，还能成为后来人可以接续的事业。唯此，才能不负前贤，无愧来者。

商务印书馆编辑部

2017年10月

译 者 序

一

我生在西安，从小就听人说“陕西十八怪”，什么“房子半边盖，面条像裤带，吃饭蹲在门边外”等等，自己生活于其中，并没觉得特别“怪”。年长后，走的地方多了，才知道似乎每处都有那么几“怪”。想想中国地大物博，各地风俗迥异，本不足为奇。但陕西的房子半边盖一直是我心中的景象，每到一处都注意房子的结构，后来看到那套“中国民居”的邮票，才知道还有那么多形形色色的建筑式样。这种因地而异的建筑（还有服装、风俗习惯等）当然是在漫长的历史过程中形成的，它是我们的祖先与自然相处中总结出的一套经验。如果说它的形成过程是历史，而形成结果是文化的话。那么，历史、文化的基础就是风土。

风土，当然包括天气、地气等自然环境，但在本书里不是讨论环境怎样决定人的存在这一问题，而是认为人类总或多或少地背负着“过去”，这种过去又是特殊的“风土的过去”。即历史既是风土的历史，风土也是历史的风土。风土不光是指外界自然，而且包括独自的生活习惯和建筑式样等。这也就是说，既有“自然的风土”，又有“人文的风土”。

本书讨论的正是这种“人文的风土”，即历史、文化以及民族的相互关联的问题。

二

文化不同于文明，它是一个民族自古以来所经营出的一定的生活方式或传统观念。无论历史怎样变迁，生活怎样变化，它都照旧存在。这种文化的创造与外界自然有着密不可分的关系。而且越往古代上溯，人类受外界自然的支配程度就越大。这样，考察文化中最基础的部分便往往需要追溯到该民族的历史之始。而人类历史在初期愈发受自然左右的话，其民族文化的早期特征也必然要受其所居住的土地的制约。风土——由于是人类为抵御外界自然而形成的生活习惯及民族精神的烙印，因此也必然成为人类自我了解的一个契机。作者和辻哲郎把这种风土分作三种类型：季风、沙漠和牧场，欲藉此探求人类存在的不同形态。

第一种季风地带，包括中国和日本，但最能反映其特色的是“南洋”（东南亚）。那里夏季的西南季风同时带来热带的酷暑和潮湿，使之带有两面性：一方面要求人们不得不忍耐这种自然的淫威；另一方面人们又可享受到自然所赋予的丰富惠泽。这样便形成了人们丰富而细腻的感受性和忍辱负重的双重性格。第二种沙漠地带指非洲、蒙古等地，严格地说是指缺少雨水的广漠不毛之地（desert）。那里气候干燥，缺少生机，一片荒凉。所以要求人们必须团结一致、绝对服从命令，并不断地与其他部族相争，才能获得本来就匮乏的自然资源。于是，这里的人们养成了服从、好战，且又讲实际、意志坚强的性格。第三种牧场地带指的是欧洲。南欧明朗，北欧阴郁，但都是夏季干燥冬季湿润。这种气候阻止了野草的肆意繁衍，使自然变得温顺而有条理。所以，人们既不必像季风地带的人那样忍耐、屈服于自然，也无需像沙漠地带人那样畏惧自然。在这种风调雨顺的自然环境下，才会使人得到解放，产生出合理主义精神，才会萌发出自由的观念以及哲学和科学的思想。

作者通过对上述三种风土类型的考察，进而分析了各个地区的宗教、哲学、科学和艺术特征，为我们展示了其理论的深度和广度，并提出："世界史必须给不同风土的各国人民留出他们各自的位置。"

三

中国属于季风地带，但它不同于南洋那种单一的气候所导致的文化上的匮乏，也不像印度人那样容易感情充溢，却又缺乏历史的眼光。中国人注重血缘关系，对历史特别地执着和固守。著者在昭和初年（1926 年）目睹的中国正是在无政府状态下、不依靠国家机构而自活的、不轻易流露情感的中国人形象。他认为这是由于"茫漠的大陆"上那难以忍受的"空漠的单调"所导致的。

对于这种看法，我们固然可以找出不少材料加以反驳，比如我们中国人眼里那气势磅礴的大自然风光，在著者看来却是一幅单调的、无变化的、空洞的构图。他举长江为例，说其宽广甚至比日本的"海"的概念都大，以致人们无法体会并把握之，只感到是同一局部的无息不止的重复而已。著者的言下之意显然是要说日本的山河小巧玲珑、富于变化，并欲以此为尺度来衡量中国以显现出两者的差异。

著者笔下的这种中国印象，反映了其所处的时代的制约以及所观察的范围的局限。当时的中国正值军阀割据、帝国主义蚕食下的半殖民地状况，著者仅仅通过对某一局部的短短一瞥，便从民族特性扩展到文化艺术上，其中的直观飞跃不免显得过于唐突。然而，从另一个角度来看，著者也正是凭其新鲜的体验和敏锐的直觉发现了中国人“不甘服从、不愿受约束、不依靠政府”的精神特性，并对中国人不屈不挠的民族精神和孙中山追求革命锲而不舍的举止予以极大的赞赏。加上他对中国传统文化的那种敬佩，不也都是一种直观的反映吗？

有关中国这一部分，最初是以“中国人的特性”为题发表在昭和四年（1929年）的《思想》杂志上的。本书初版成于昭和十年，昭和十九年五月再版时，著者对此部分做了大幅度修改，如本书前言里所谈及的那样：“初稿完成时正值左倾思想盛行之际，故多有批驳其思想理论之成分，此次修订时这部分予以删除，改写成纯粹的风土考察。”

第二次世界大战后的昭和二十四年（1949年），著者对此部分又做了若干修改，加上了著者在香港的一些见闻，但基本观点并没有多大的改变。这两易其稿一方面说明其中国部分的把握含有不少因时而异的因素，另一方面也说明一点，要想全面把握中国人的特色的确是相当困难的。

在《风土》出版后不久，同时代的哲学家安倍能成便一针见血地指出其学术步骤上的缺陷："立论的材料取决于主观，欲使其判断臻于准确，亦难免带有主观的局限性。"我想这一批评用在其描写中国的部分上尤为贴切。

四

从东西方比较文化的角度来看，此书无疑是一部研究日本文化的杰出之作。无论是观察分析哪一种风土类型，著者脑海里始终未离开日本这一比较的坐标。对于同属季风地带的日本，他举出夏有暴雨和冬有大雪这两大特征来区别于其他地方，再加上台风所具的那种"季节性、突发性"更给日本人身上打下了双重烙印，即在沉静的过程当中也时刻蕴含着某种突变的可能性，因而感情总是处于激活状态，反应敏锐。其结果是易导致精神疲劳，难以持之以恒。相比之下，中国大陆所具有的那种从容不迫的态度甚至可以作为日本人精神修炼的目标。也就是说，除了季风地带所共有的感受性强、忍辱负重的特性外，尚有日本人独特的双重性格：沉静而富于激情、好战而趋于恬淡。在沉静中会迸发出激情；在勇于战斗中会突然达到一种谛观的境界。犹如樱花一般开得突然而热烈，落得悄然而彻底。

著者认为产生这种国民性的基础就是具有空间的、相承关系的"家"这一基本单位。如同沙漠人的关系体现为"部族"、牧场人的关系表现为"城堡"这一基本单位一样，日本人古往今来都有一个区别于"外部"的"内部世界"。基于这一内部世界的情爱，可享受亲密无隙的结合之同时，又可以为了"家的名誉"轻而易举地去献身舍己。这也正是日本人情死和自杀多发的原因之一。

当然，这种对“家”的制度的描述会导致一种对以“家”为中心的国家观的肯定态度，就是全体日本国民共为一个大家庭，当然要听从家长（即天皇）的指示和教诲。而这样必然会有利于集权主义的抬头。因此，此书一经出版，就被批判为拥护天皇制的意识形态的一个理论基础。从全书流溢着的那种赞美神国日本的爱国情结上，我们也不难看出著者的这一立场，而这是需要加以批判的。

五

著者和辻哲郎，1889 年出生于兵库县神崎郡的一个医生家庭，1906 年考入东京第一高等学校（后编入东京大学），1912 年毕业于东京大学文学部的伦理学专业，翌年便由岩波书店将其毕业论文《尼采研究》出版为处女作。随后在法政大学、庆应大学一边执教一边凭其敏锐的直觉和对学术的满腔热忱，接连写出了《古寺巡礼》《日本古代文化》等著作。他中学毕业前一直想做一名诗人，进入高中后才开始逐步倾倒于哲学。1925 年经第一高等学校的恩师原胜郎和京都大学西田几多郎的推荐，他去京都大学任副教授；1934 年调回东京大学任伦理学教授，1949 年退休。1955 年他获文化勋章。1960 年因心肌梗塞在东京去世。其著作颇丰，代表作除本书外，尚有《原始佛教的实践哲学》《伦理学》《锁国》《自传的尝试》等。

1927 年 2 月他奉命赴德国留学，为时一年有半，这期间受海德格尔《存在与时间》的影响，开始考虑空间与时间的关系，由此促成了《风土》的构思，并在“致故乡的妻子”的信中初成雏形。回到京都大学后写成讲义稿，原题为《国民性的研究》，从这里我们也可以看出他实际上想通过空间上的“人文的风土”来研究人之存在的不同特征。结合中国部分的原题《中国人的特性》来看，这点更为明显了。

《风土》在1935年出版后，反响巨大，成为知识分子的必读之作。其后，为了追求体系上的更加完整，他在《伦理学》一书中又加上了对俄罗斯文化和美国文化的风土性考察。但因著者没有亲访过这两地，较之前三种类型的观察和分析不免略显逊色。

作为那个时代的文化人，和辻哲郎也难免对欧洲有一种特别的偏爱，但他没有忘记从东方看西方的重要性，同时也对西方的尺度做过一定的批判。但更令人赞叹的是他对文化的感受之敏锐、所涉题材之广泛。正如前人所评论的那样：“他那敏锐的触角直捣问题的核心，然后又展开其脉络，执着而愉快地探求之。”正是凭着这种坚韧不拔的意志，他排除了一切有可能阻碍学术研究的因素，朝着自己的目标锲而不舍，奋勇直前。

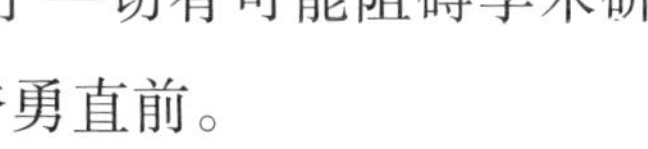

六

此书早在五十多年前就被译成英文，随后亦有德文版的出版。可见其影响经久不衰。而此次中文版的翻译我希望不仅可为20世纪20年代的日本人如何看世界、如何看中国提供直接的材料，而且亦希望读者把此书当成认识我们自己、认识世界的一面镜子。

就我自己来说，翻译此书真相当于一次旅行。我一手捧着世界地图，一手拿着放大镜，从横滨起锚到上海，再到香港，经由新加坡穿过马六甲海峡，再由印度洋进入中东，抵达地中海，然后跟着著者的脚步游历南欧、中欧、西欧，一边回味历史，一边观察风土。当然这也是翻译此书的最大乐趣。不过，具体到每个人名、地名，都得先从日文的片假名（六十多年前的拼法与今不尽相同）找出外文原文，然后再依据各种辞典查出相应的中文译法，仅此一项就不知花费了多少时间，麻烦了多少朋友。今天好不容易才磕磕绊绊地走完了这段旅程。想到读者读此书时，将只有我的愉快，而无我的磕绊与辛苦时，又很欣慰。

希望读者真的喜欢它。

陈力卫

1998 年 9 月于东京西新宿

2005 年 11 月改于东京神乐坂

目　　录

序　　言

本书旨在阐明人的存在方式与风土的关系，而不是论述自然 3
环境如何制约人的生活。一般认为自然环境是以人的风土性为具体基础，并由此蜕化出的客体。在考虑它与人的生活关系时，生活本身也成为一种客体。这样就成了客体与客体的关系，而并非从主体性的人的角度来看问题。我们所关注的却正是后者。尽管需要不断地涉及风土的形态问题，但我们始终把它作为主体性的人的存在的一种表现，并不视为自然环境。这一点首先不能混为一谈。

我最初开始思索风土问题是1927年夏天，在柏林读了海德格尔[①]的《存在与时间》以后。该书用时间来把握人的存在方式，对我启发很大。于是便涌出一个疑问：既然时间可以运用到主体的存在方式中去，为何空间不能同时运用于同一根源的存在中去呢？当然，海德格尔的著作里并非没有涉及空间，从其注重人的存在的具体空间来看，倒很像德国浪漫主义“活现的自然”的又
一复苏。但它在时间这一强烈光照下几乎失去本色，我们于此可 4

① 马丁·海德格尔（Martin Heidegger，1889—1976年），德国存在主义哲学家，著有《形而上学是什么？》《林中路》等著作。——译者（本书页下注均为译者注，不再一一标示。）

以看出海德格尔的局限性。不与空间相结合的时间还并非真正的时间，海德格尔之所以停留于此，是因为他所说的 Dasein（此在）最终仅限于个人。他把人类存在仅当作个人存在来理解，若从人类存在的个人、社会这种双重结构来看，那只是抽象的一面。所以，从具体的两个方面来把握人之存在时，时间与空间是相即不离的。这样，海德格尔尚未充分表述的历史性才会显露出其真实面目。同时，历史才会与风土相互结合起来。

之所以考虑到这个问题，也是事出有因的。当我埋头于对时间的绵密分析时，各种各样的风土印象萦回于脑海；抑或说正是这一问题的浮现，才使我得以反刍或开始关注风土印象。所以可以说，正是时间、历史这类问题触发自己想到风土问题。若没有这些问题作引子，风土的印象也仅是停留于其本身而已了。也就是凭借这一媒介，才凸显出风土和历史的相即不离的关系。

本书基本上是由讲稿构成的。这份讲义写于昭和三年九月至四年二月间，那时刚从国外回来不久，尚无余力对人之存在的时
5 间、空间问题做深入细致的考察，只是想论述一下风土问题。此书的大部分都是在讲稿的基础上后来改写并陆续公之于世的。最后一章尚留有草稿的痕迹，也有许多不足之处，但考虑到其本是一个相关的整体，便暂且归纳在一起，恳请各位批评指正，不胜感谢。

昭和十年（1935 年）八月

此次再版之际，改写了第三章的中国部分。原先的文章写于昭和四年，正值左倾思潮流行之时，故在风土的考察中夹杂有对当时左倾理论的批判。这次将其删去，改为纯粹的风土考察。

昭和十八年（1943年）十一月

9 # 第一章　有关风土的基础理论

一　何谓风土

我们所说的风土是对某一地方的气候、气象、地质、地力、地形、景观等的总称。过去亦称之为水土。古代那种把人的生存环境视作地、水、风、火的自然观隐含在这些概念后面。但在此我们不把它当作“自然”的问题，而作为“风土”问题来考察，这当然是有其理由的。为了说明这一点，首先要澄清什么是风土现象这一概念。

我们都生存在某一块土地上，不管情愿与否，这块土地的自然环境总是“包围”着我们，这一事实从常识上看显而易见，于是便有人将这种自然环境当作自然现象逐一加以考察，进而论及该现象对“我们”的影响等问题。其中有的把“我们”作为生物学或生理学上的对象；有的则是作为国家形成这一实践运动的参与者。这里关系错综复杂，需要分别进行专门研究。我们现在的
10 问题是与日常生活密切相关的风土能否**原模原样**地看作自然现象。从自然科学的角度来看，当然是毋庸置疑的；但从根源上来看，风土现象本身是否属于自然科学的对象却是另一回事。

这里，我们想通过一个简单的常识性的气候现象——寒冷——来考虑这个问题。我们感到冷，这是任何人确切无疑的事实。那么，什么是冷呢？一定温度的空气，即物理上客观的寒气，刺激我们身体的感官，并在主观心理上将其当成一种心理状态来体验。如果是这样，“寒气”与“我们”都是各自独立存在的，只有当“寒气”从外界向我们袭来时，才会形成一种“我们感到冷”的意向关系。这当然可以看作是寒气对我们的影响。

然而，果真如此吗？在**感到冷之前**，我们无法确认有寒气这么一种物质的独立存在，只有**在感到冷时**，才会从中发现它。那种认为寒气是从外界袭向我们的看法，是对**意向关系**的一种误解。本来这种关系就不是由客观外在才得以形成的。仅就个人意识而言，主观本身有其内在的意向结构，它已带有“某种倾向”。“**感到**冷”这一“感觉”与寒气相关的不是一个“点”，而是“感到……”本身已构成一种关系，在其关系中寒冷被发现。所以，这 11
种关系结构下的意向性正是有关寒冷的一个主观结构。“我们感到冷”首先就是这种“意向体验”。

但如果是这样，寒冷只不过是主观体验的一个契机吗？于此发现的寒气才是“我们”内部的寒气。而我们所说的寒气是自己以外的超客观的存在，不单是自身的感觉。主观体验如何才能关系到这种超客观的存在，也就是冷的感觉怎样才能关系到外界寒气？——这一设问在意向关系中含有一种对被意向者的误解：意向的对象并非心理内容，因而客观存在的寒气和独自体验的冷，不能成为意向对象。我们**感到**冷时，并非感到的是冷的“感觉”，而是直接**感到**“外界的寒冷”或“寒气”。也就是说，在意向体验中，作为“感觉到”的寒冷不是“主观的”，而是“客观的”。所以，感到冷这种意向的关联，可以说已经涉及外界的寒冷，超越存在的寒气在这种意向中才得以成立。因此冷的感觉与外界寒气如何关联这类问题本是不存在的。

12 这样看来，主观·客观的区别，即各自独存的“我们”与“寒气”之别是一种误解。感到冷时，我们已置身于外界寒气之中。我们自身感觉到寒冷无非是因为我们自己已来到寒冷之中。在此意义上，我们自身的存在，正如海德格尔强调的那样，是以“站出来”（exsistere），即意向性为特征的。

于是，我们自身要站出来面对自己。不是以瞻顾自己这种方式，即用不着反省，自己要对我们自身袒露无遗。反省只不过是把握自己的一种形态，而作为自我表露的方式，也并非是本源的。（当然，如果将Reflektieren解释为一种视觉意义，即光照到某种物体后反射过来，或某一物体在反射中展现自己的话，那也可视为一种表现方式：自己于自身中袒露自己。）我们感到冷，也就是我们来到寒冷之中。所以，我们在感到冷中发现此中的自己。但这不是将自己置于寒冷中，然后才从中发现置身于此的自身，寒冷最初被发现时，我们自身已经置于寒冷之中。所以，从根源上看，“在外界”的不是寒气这类“物质”、“对象”，而是我们自己。
13 “站出来”是我们自身结构的根本规定，意向性也是基于此的。感到冷虽是一种意向体验，但我们在此已发现了走到外界寒冷之中的自己。

以上是从个人意识的角度来考察寒冷的体验。但是，正如可以说“我们感到冷”一样，体验寒冷的是我们，而不仅仅是个人。我们共同感受同样的寒冷，所以才能把表现寒冷的词用于日常寒暄中。我们之间之所以对寒冷可以有不同形式的感觉，也是因为有共感寒冷这一基础，否则就不会有彼此的寒冷感觉的认识。这样看来，走到寒冷之中的不是一个人，而是我们大家。既是我们中的个人，又是个人之上的我们。将“站出来”作为根本制约的是我们，而不单纯是个人。所以，“站出来”这种结构，在走到寒气这一“物质”之前，已存于走向其他的自我之中。这不是意向关系，而是一种“相互关系”。所以，于寒冷中发现自己的，从根本上看是相互关系上的我们大家。

通过上述分析，我想大体可以明了什么是寒冷。但是，我们并非孤立地体验寒冷，而是在与温暖、暑热的关联中，在风吹、雨雪、阳光等各种关联中去体验。寒冷仅仅是各种气象现象组成的整个系列中的一环。当我们顶着寒风进入温暖的房屋，或度过严

冬迎来和煦的春风，或烈日炎炎下逢上一场沛然骤雨时，都不是 14
于我们自身所处的气象中来了解我们自己，而是在气候的变化之中首先了解我们自身的变化。但是，这种“气候”也并非是孤立的体验，仍然要在当地的地力、地形、景观的关联中才能体验到。说起寒风便是“落山风”，或是朔风凛冽的“干冷风”；提到春风则是花瓣飘舞之风，或轻抚海波之风；夏天的暑热令苍翠茂盛的草木萎缩，又使孩子们云集海滩喧闹玩耍。正如我们在风吹花落之中领会悲欢一般，在酷烈的阳光直晒草木时，会感到内心的衰惫。我们是在“风土”中发现自己，寻找相互连带中的自己。

这种自我发现并不是去理解“主观”上那种感受冷热，或赏花悦心的“自我”。我们在这些体验里并不关注“主观”。觉得冷的话，我们会紧缩身体、增添衣裳、靠到火炉旁；或更为关心的是

让孩子多穿衣服、让老人靠近炉旁；或去劳动以购得衣裳和木炭。山里在烧炭，工厂在织布，在与寒冷的“关联”之中，我们从个人、社会两方面都想方设法地投入到御寒防冷中去。同样，在赏花悦
15 心时，我们也并不是着眼于“主观”，而是倾心于花卉。或邀友观花，或花下同饮共舞，都是在春风骀荡中，通过个人和社会来实践种种玩赏春色的方法。炎暑、暴风、洪水也都一样，面对这些“自然的淫威”，我们首先要采取全方位的防御手段来对付之。风土中的自我发现正是反映在这些手段、方式的发现上，而不是去理解“主观”。

这样藉以发现自我的种种工具、手段，比如衣服、火盆、木炭、房屋、赏花、名胜、堤坝、水渠、通风构造的房屋等，都是由我们自由创造出来的，而这种创造与寒冷、暑热、潮湿等风土现象不无关系。我们是在风土中发现我们自身，在自我了解中完成自己的自由形成。而且，寒暑、暴风、洪水，不单是我们现在所要共同防御的，我们的祖先亘古以来为之积累的智慧也化作我们的力量。房屋的样式是盖房子的一种固定方式，这种方式离开风土便不复成立。房子既要御寒，又要避暑。哪种功能更为重要便决定其房屋的样式。另外还要抗得住暴风、洪水、地震、火灾等。屋
16 顶太重不利于防震，却可抵御暴风和洪水；它必须适合各种各样的条件。潮湿在很大程度上限定了房屋的居住性能，因此要尽量保持通风，要用防潮的最佳建材：木头、纸、泥等，可它们对火灾却无能为力。各式各样的制约按其轻重缓急构成一种秩序，最终成为某一地方的房屋样式。所以房子的固定盖法不正是人们于风土中的自我表现吗？服装式样同样如此，也是长期以来固定于社

会生活中的，制约其式样的依然是风土。某一地区独特的服装式样，会因其文化上的优越性，而移植到其他风土不同的地方。这种移植较房屋更为容易。但无论被移植到何处，**其式样仍然受产生它的风土所制约**。西装流行了半个多世纪仍旧是西装。这一点在“食物”上反映得更为显著。与粮食生产关系最大的是风土。人们不是因为想吃鱼、肉，才选择了畜牧或打鱼，而是因风土决定之后，才会想要吃鱼或肉。同样，吃素抑或吃荤也是决定于风土，而非出自某种素食主义者的意识形态。我们的食欲也并非笼统地什么都吃，而是倾向于自古以来约定俗成的、按一定方式制成的食品。吃面包还是米饭？吃牛排还是生鱼片？这些都是肚子饿时想吃的东西，而它们的制作及烹调方式表现了一个民族长期以来在风土上的自我总结。比如，我们的祖先早在掌握农耕技术以前就已盛行吃鱼贝和海藻了。

我们还可以在文艺、美术、宗教、风俗等所有人类生活的表现中找出风土的现象来，这本是理所当然的，只要风土是人类自我发现的一种方式。我们这样看风土现象，就会明白它与自然科学的对象迥然不同，我们将用海藻做菜视为风土现象来考察，本身就不是单纯地将风土看作自然环境。更何况从风土上理解艺术形式，愈加真切地表明风土离不开历史。对风土现象最为常见的误解就是前面提到的那种看法，认为风土影响自然环境和人的存在。这其实是从具体的风土现象中洗涤了人之存在或历史的契机，单纯地将之看成自然环境。那些认为人不该仅为风土所制约，反过来应作用并改变风土的想法都是基于这一立场。这表明其尚未真正看透风土现象。我们已阐述了风土现象是如何作为人类自

我发现的一种方式。人，具有个人和社会双重性的人，其自我发现同时也是带有历史性的。所以，既没有脱离历史的风土，也没
18 有脱离风土的历史。然而这些只有通过人之存在的根本结构才能加以阐明。

二　风土对人之存在的制约

上一节里我们把风土现象看作人们发现自我的一种方式。这里不打算去深究什么是人这一问题（大致的框架已在《以人为中心的伦理学》中描述过，详细可参阅近作《伦理学》）。但如果说风土是人之存在的一种制约的话，我们首先要弄清这种制约在人之存在中占有何种地位。

1. 我们所说的人，不仅是单纯的“人”（anthropos，homo，homme，man，Mensch），而且是人的集合或某一共同体社会。这两方面是人的根本特性。所以，只单纯研究“人”的人类学和只片面注重“社会”的社会学，都未能抓住人的本质。要真正从根本上把握住人，就必须抓住人之存在的根本结构：既是个人，同时又是整体。用这一观点分析人的存在，就会明白它是一种否定之否定的运动。人之存在正是这种否定运动的体现。

2. 这种人之存在是一种运动，它经过分化成为无数个人，再
19 形成各种聚合或共同体。这种分化和统一说到底是主体的实践活动，但若无主体的躯体便不会发生。也就是主体意义上的空间和时间构成了这一运动的根本结构。于是，空间和时间同时被捕捉在其根本形态中，两者相即不离。仅拿时间来把握人之存在，会

导致片面地只从个人意识的深层去寻找人之存在。如果认为人之存在的两面性是人的本质的话，就必须同时找出与时间相对的空间才行。

3. 当人之存在的空间和时间结构得以阐明时，人的连带结构也就表露出来了。人的种种共同体、聚合体在一定秩序下自然调节形成体系。它不是静止的社会结构，而是一种活跃的运动体系，是否定运动的表现。所谓历史就是这样形成的。

4. 人之存在的空间和时间结构在此表现为风土和历史。时间・空间的相即不离是历史和风土密切相连的根本支柱。没有主体的人的空间，一切社会结构便不可能成立；没有社会存在，时间也构不成历史。**历史是社会存在的一种结构**，其中显然含有人之存在的有限和无限的双重性。人要死去，人世间在变化。而人活着、人与人关系的持续都是朝着死的方向在变，是在不断完结中不断延续的。从个人的角度来看是“向死而生”；从社会的立场来看则是“向往生的存在”。人的存在具有这种个人与社会的 20
双重性。然而，并非只有历史才是社会存在的一种结构，风土也是社会存在的一种结构，而且不能与历史相脱离。只有在两者的结合上，历史才能获得完整的姿态。如果“精神”与物质相对立，历史决不会单在精神上自我展开。只有当精神成为能将自我客体化的主体时，也就是具有主体性的肉体时，才能创造出自我发展的历史。这种被称为主体性的肉体正是一种风土，人的有限、无限的双重性最为显著地反映在人的历史和风土结构上。

这便是风土的所现之处。人们在此不仅背负着一种普遍的“过去”，而且是一种特殊的“风土的过去”。一般的、形式上的历

史通过这种特殊的实质成分得以充实。由此，人的历史存在才可能成为某一国度、某一时代的存在。但是，这种特殊的、实质上的“风土”并非孤立于历史之后才实质进入到历史中去的，而是自始就是“历史的风土”。一言以蔽之，在历史与风土的双重结构上，历史就是风土的历史，风土也是历史的风土。各自孤立的历史和风土只不过是出自具体地盘的抽象物。我们所要讨论的风土正是这种被抽象化以前的本质性的风土。

21 以上简述了风土的制约在人之存在中所占的地位。由此可见，自古以来风土问题就与人类学的肉体问题有一定的相似之处。人类学在个人和社会的双重性上仅抽出个人的特性来研究，试图从身心两方面把握脱离了人际关系的“人”。但是，这种努力想要明确身心之差异，却最终迷失了这一差异中的统一。其最重要的原因是将身体从具体的主体性中分离开来，与“物体”等同而视。于是，人类学便分为精神论和体魄论。前者从心理学向哲学认识论方向发展，后者则朝动物学上的一分科——“人类学”的方向，或生理学、解剖学方向发展。而现代哲学上的人类学在克服了这一分裂后，试图再次返回到从身心两面上来分析“人”的这一层次上来。问题的核心是，肉体不单纯是一种“物体”，而是有主体性的肉体。但是，只要固守人类学的传统，那就始终只是“人”的学问，而不是“人文”的学问。这里，我们想把个人和社会的双重性作为人的最根本问题，基于这一立场再来探讨一下同样的问题。肉体的主体性得以成立的基础是人之存在的时空结构。所以，主体性的肉体不是孤立的，而是具有运动机制的。它时而孤立，时而合一，在其运动中展开的种种连带，便形成了历史，形成了风土。风土

22 也曾是人的肉体。正如个人的肉体被视为单纯的“物体”一样，风土

也只被客观地看作单纯的自然环境。那么，在主张应该恢复肉体的主体性的同时，风土的主体性也应当强调出来。这样，身心关系中最为根本的意义就存在于“人文”的身心关系中也可以说存在于蕴含着历史和风土关系的个人和社会的身心关系之中。

风土问题所负载的这一重要意义，对分析人之存在的结构确立了决定性的方向。从存在论上看人之存在，只凭时间轴的超越是无法实现的。第一，超越首先必须是于他人中发现自我，在自他的统一中回到绝对否定中去。于是，人与人之间的“关系”也应该是一种超越，这种关系本身作为发现自他的基础，本来已是“站出来”的了。第二，超越作为时间结构，原本就带有历史意义。它不是仅在个人意识上走向未来的，而是在群体意识上走向未来。个人意识中的时间只是以群体的历史性为基础，并从中分化出来的。第三，超越是风土的表现，即人在风土中发现自我。从个人的立场上看，那是身体的自觉，但对于更为具体的基础——人之存在来说，它表现为共同体的形成方式、思维方式、语言表达方式以及生产方式和房屋建造式样。所有这一切都是作为人之存 23
在的超越性所必须包括的。

这样看来，具有主体性的人将自己客体化的契机正存在于风土之中。风土现象反映出我们是如何发现外在的自己的。冬天，我们用服装、房屋这些工具来保护自己，进而当我们自身也进入其中后，风土本身也成为“可用”的工具。例如，“寒冷”使我们注意多添衣服的同时，又可借之制作出冻豆腐来食用；“酷暑”令我们手挥扇子的同时，也带来了稻香。“风”则让我们祈祷二百一十天后的平安，[①]同时又鼓帆助航。我们正是在这些关系中接近风土，并由此认识我们自己，了解作为使用者的自己。换言之，就是风土中的自我认识，使我们发现适应自己的工具。

人之存在中，最容易于身边发现的就是工具。这一洞察使我们受益匪浅。本来，“工具”的本质是“用于什么的”。比如榔头是“用于敲打的”，鞋是“用于穿的”。这种“用于什么的”与“为什么目的而用的”又有内在的联系。比如，榔头是做鞋的工具，而鞋又是走路的工具。一方面既要标明“为何而用的”，另一方面又是“用于什么的”。工具的本质结构就存在于这种“为何的关联”中，这种“为何的关联”都是由人的存在所决定，如果追溯这种“关联”的始源，我们必然能够看出风土对人之存在的制约。鞋虽然是行走的工具，

24 但多数人没有它也照样行动。需要鞋的时候是严寒和酷暑。衣服是为穿的，可穿衣首先是为了御寒。由此可见，“为何的关联”其最终目的总是带有对风土的自我认识。比如我们在严寒酷暑中认识自己的同时，又按自己的意志做出“为防御之”的选择。没有严寒酷暑这一契机，是不可能自发地制作出衣服的。当我们指示自己从“为防御”什么到“拿什么”来防御时，其中已反映出我们在风土上的自我认识。正因为如此，或暖或凉、或厚或薄的服装被制成各种式样，羊毛、棉、丝绸这些衣料也为社会所开发。显而易见，工具与风土的制约有着密不可分的关系，而风土对我们的制约，就是我们身边最为常用的工具得以产生的最初契机。

① 从立春数起的第二百一十天，即9月1日左右，在日本时值晚稻开花期，台风灾害特别令农家担心。

于是，风土便成了人之存在将自己客体化的契机，恰恰于此，人也认识了自己。所谓风土中的自我发现正是指的这一点。我们平常在某种意义上发现自己，或心情愉快、或寂寞无聊。这种心 25
情、情绪、态度不应只视为单纯的心理状态，而应看成我们的存在方式。这种存在方式不是由我们自由选择的，而是“早已约定”好的、负载于我们身上的。这种既定性及心情未必仅受风土的制约。我们的存在，作为个人和社会已有的关系，限定了个人存在的从属方式，并赋之以一定的心情。或作为已存在的历史情况，赋予社会一定的气氛。但与此同时，在这些相互错综的聚合中，风土的负载仍是极为显著的。我们在某一清晨，于“爽快的心境”中发现自己，这种现象一般说来，是外界的气温和湿度在特定状况下影响我们并引发了内心的爽快。但在具体的体验中情况则迥然不同，所体验的并非心理状态，而是空气的清爽。而作为气温和湿度来认识的对象，又与这种爽快本身大相径庭。爽快是一种“存在方式”，既非“物质”又非“物质的性质”。虽然它属于空气的一种，但既非空气本身，亦非空气的性质。所以，这种特定的存在方式不是由空气这一物质带来的。空气所具有的“清爽”状态，无疑是我们自身的爽快。也就是我们于空气中发现我们自己。然而空气之清爽并非心情之爽快，最能显示之的例子是早上爽快的心情直接表现为我们之间的寒暄问候。我们于清爽的空气中认识我们自身。清爽的是空气，而不是我们自己的心理状态。正因为 26
如此，我们才可以不必介意他人的心理状态，直接相互问候：“天气不错啊！”“好天儿啊！”我们一起来到早晨的空气中，共同担负着特定的存在方式。

这种风土的负荷在我们的存在中随处可见。晴天的爽朗、晦雨的阴郁、新绿的朝气蓬勃、春雨时的恬静、夏日晨曦的清新、暴风雨天的震悚——举尽俳偕中的所有季语[①]，恐怕也表不尽这些心理负荷。就是这样，我们的存在在风土上可以有无比丰富多彩的形式。我们不光背负着历史的沉淀，还背负着风土的重荷。

当然，我们的存在不仅有负荷的一面，同时也有自由的一面。既是已存的，又是预料中的；既受负荷，又享自由。在这种双重性中可见我们存在的历史，但这种历史与风土又是相即不离的，因而负荷的不仅仅是历史，也是风土。若如此，风土的制约当然也赋予人的自由愿望以一定的特征。衣食住作为工具无疑都带有风土的特性，而进一步从根本上看，如果说，当人们发现自己时就已置身于风土的制约下的话，那么风土的类型将会成为**自我认识的类型**。从存在论来看，显然各种风土类型中形形色色的人们在其
27 存在的表现形式中会各具特色的。如今这一探索在存在论上已达成一种共识：风土的类型就是人类自我认识的类型。因此有必要去发现和寻找这种类型。

那么，我们怎样才能发现风土的类型呢？

上述风土对人之存在的制约，是人类历史、风土结构上的普遍问题，不是对具体个人存在方式的考察。因为具体个人必须存在于某一国度、某一时代以及特定的方式上，不管它是多么特殊。所以从存在论上分析人之存在，并不是为了去直接理解特殊存在

① 俳偕，日本江户初期（17世纪初）形成的一种韵文诗，本为连歌，首句称为“俳句”，只有十七个音拍，后发展为独立的诗歌形式，其中必含有表示季节的语词，即是季语。

的类型，只是以这种理解为媒介，从方法论上引导出存在论的分析方式而已。

于是，为了充分把握具体个人的存在方式，也就是其特殊性，我们必须面向存在论的认识观，即对历史的、风土的现象的直接理解。但如果仅将其视为客观对象，那就无法理解上述的风土意义。所以，我们对历史的、风土的现象的理解，必须严格依靠存在论上的定义，即必须认定这些现象是人的自觉存在的表现，风土是这一存在的自我客体化，是自我发现的契机，因此风土的类型作为主体性的人的存在类型，只有通过风土的、历史的现象才能得到解释。所以，只要面向特殊性存在的，便是一种存在意识，而 28
只有将这种特殊方式作为人的自觉存在的样式来理解，才是存在论上的认识。这样来把握人的历史、风土的特性，就成了存在论的存在认识。只要风土的类型成为问题，就只能如此。

我们的考察从直接观察特殊的风土现象出发，进入到人之存在的特殊性中。本来风土就是历史性的风土，所以风土的类型同时也是历史的类型，我们毫不回避这点，也无法回避。但我们在此是想做一个尝试：从风土方面着重分析人的历史及风土结构。原因之一是这方面的考察较之历史方面显然不被重视，从学术上分析这一问题也是十分困难的。赫尔德[1]曾企图从“活现的自然”的“解释”中来创建“人类精神的风土学”，但却正如康德所批判的那样，它并非学术上的严谨探求，而只是一种类似诗人想象的

① 赫尔德（Johann Gottfried von Herder，1744—1803年），德国文艺理论家，学术研究范围很广，试图从历史观点说明文学的性质和宗教的起源，并运用比较语言学方法解释语言和思想的关系。

产物。要想从根本上考察风土的人们总是伴随着这一危险。尽管如此，风土问题却必须从根本上去研究，真正想要进行具体的历史考察，就必须从根本上搞清楚风土特性的问题。

昭和四年（1929 年）初稿、
六年（1931 年）改稿、十年（1935 年）补写

第二章　风土的三种类型 29

一　季风型

季风一词据说是出自阿拉伯语的 mausim（季节），由于亚细亚大陆和印度洋的特殊关系，太阳自赤道以北移至赤道以南的半年夏季里，季风由西南吹向大陆；反之，冬季的半年，季风则由东北吹向海洋。特别是夏季季风，在热带海洋上饱含湿热的空气后，凭借强劲的海风袭向大陆，形成了世界上罕见的特殊风土。广义上看，东南亚沿海一带、中国、日本都属于季风地区。

所谓季风，顾名思义就是季节风，特指夏季由热带海洋吹往大陆的季节风。所以，季风地区的风土特征就是又湿又热。我们这里当然是把它作为人之存在的方式来理解，而这一点不是湿度计所能显示出来的。

曾在季风时节乘船横渡印度洋的人都会有这样的体验：迎着海风的船舱，再热也不能打开窗户，如果任凭极度湿热的海风自由进出，那人将无法在船舱逗留，因为湿气比暑热更难以忍受，而且也比暑热更难以御防。在门窗密封的船舱里，对于湿气——

30 甚至使皮包上的铁饰也会生锈变色的湿气，我们又能怎么样呢？除了用热量来烘干空气，再用冰将之冷却，然后通过铁管排出外，再没有其他的对抗办法。这等于御寒和防暑两种手段并用，也就是说季风带来的湿气迫使人们不得不付出双倍的力气。而季风地带的人较之寒冷地区或沙漠地区的人来说，抗拒自然的力量却明显羸弱不足。本该要求双倍力气的地方，人们却连一半的力气都没有。

原因何在？我们可以从“潮湿”本身来寻找。湿气最难忍受，又最难防御。尽管如此，它却没有唤起人们“与自然抗争”之心。原因之一是，对于居住大陆的人来说，潮湿又意味着自然的恩惠。海洋上难以忍受的季风，其实是太阳将海水运往大陆的快车。有了水，烈日炎炎下灼热的国土才能被郁郁葱葱的植被所覆盖，特别是各种喜好湿热的草木，正是在这期间滋生、成长、结果。大地到处呈现出一派植物的“生机”，同时也使动物得以繁衍生息。在这里，人世间成了生意盎然的动物和植物的天地。自然也不是死气沉沉的，而是蓬勃向上的，死去的反倒是人。所以，人与世界的关系并非分庭抗礼，而是相互接纳。这点正好与沙漠的干燥相反。

31 但原因之二是，潮湿又意味着自然的淫威。暑热与潮湿携手，常常变成暴风骤雨、洪水和干旱。它们势不可挡地袭向人们，其威力之大足以使人们放弃与之抗衡的念头，而唯诺是从。沙漠的干燥虽然也是以死相挟，但却不足以凭此摧毁生命之本，人们可以靠着自身的生存之力来抗拒死亡。在那里，逆来顺受便意味着死。而潮湿的自然威力却是一种充满生命力的威胁，不是自然中所存在的“死”的威胁。死存在于人的一方，盎然的生机欲将人们内心潜在的死神赶走。人不可能凭借自身生存之力来对抗生命的源泉之力，在这里忍受就是对生命的服从。从这个意义上看，它与沙漠的干燥正相反。

所以，我们一般可以认为，季风地带的人的特性就是忍受和顺从，体现这一特征的正是“潮湿”。

潮湿尚可细分为多种，日本的特征是梅雨和台风，土地特别湿润，正如古代祖先所赞叹的“富饶苇原、稻穗葱绿”一般。但这种湿润又常以**大雪**的形式呈现，四季分明是这片国土的宿命。因而，忍受、顺从的性格在此要受到特殊的限定。中国南部拥有世界首屈一指的长江，同样湿润、丰沃，但其辽阔的北部却是荒凉的大沙漠，似乎只能凭悠悠长江来表现湿润，这点在风土上与日本表现得迥然不同，它的湿润中含有某种程度的干燥。所以，我们应该 32
在典型的季风地区寻求典型的湿润，那就是南洋和印度。

南洋的酷暑对日本人来说并不稀罕，经历过日本的盛夏的人，在那里找不出什么未尝体验过的东西。植物的**种类**对我们来说的确颇为新奇，但椰子林从远处看去，无论是形状还是色彩都与松林极为相似；橡胶树也与我们见惯的落叶树无甚区别。整体看上去，自然所赋予的印象与日本的盛夏相差无几，尤其是生活中的“夏日”与我们日常的体验一模一样。

“夏天”是一个季节，这季节又是人的存在方式，光是气温高、日光强还不能说是“夏天”。隆冬季节偶有天暖之日，人们也许会说“像夏天一样热”，但并不感到身处夏日之中。同样，严寒之际离开日本去旅行，临近南洋时会有这样的体验，船离开香港的第二天，人们转眼间都换上了白色夏装。强烈的日光照耀着碧蓝的大海，气温急剧上升，人们汗流浃背，谁都会觉得到了四季如夏的南洋。傍晚抵达新加坡时，旅客们驱车进城，在草木茂盛的郊外，听着虫声此起彼伏；在露天摆摊的冷饮和水果店之间，看到人们乘凉时白衫
33 晃动的夜景，才会强烈地感到“夏天”，会惊讶地与不久前尚处身其中的、依然停留在日本的“冬天”构成鲜明对比。繁茂的草木、虫声、纳凉，较之高温、烈日更能使人进一步捕捉到“夏天”的本质。没有夏天的“氛围”便不成其为夏天。夏天有其所制约的特定的存在方式，我们在南洋发现的只不过是早已习惯的“夏天”的存在方式而已。

然而，南洋对我们来说又是异境，因为我们在那里发现的“夏天”**对南洋来说又并非**“夏天”。夏天，对我们来说是虫声里已含秋色、卸下的拉窗上已蕴冬风；是处于新绿、春笋、百舌鸟和柿子之间的夏天。而对南洋来说，却只是一种不含秋冬春的单纯之夏，换言之，只有**一种**的单调气候。植物落叶亦不定时间，正如三月初橡胶树上的红叶、落叶、新绿、青叶同在一样，六月末也是四季并存。除了极少数品种以外，水果也终年不断。这种单调的、一成不变的气候，不同于那种不断推移的、仅为季节之一的夏天。人们心中的夏天正是随季节而变的一种心态，南洋人理解不了这种变化。

我们由此可知南洋人为何对文化发展不感兴趣。南洋的风土给人提供了丰盛的食品，人们只要投身于自然的怀抱即可怡然自适地生存下去，而且人与自然的关系不含任何变化和推移。人
34 们安心于这种忍受、顺从的关系中，与猛兽毒蛇的搏斗也未能打

破这种稳定。那里没有什么机遇去发展生产力。所以，除了受印度文化的刺激，在爪哇岛上建了一座巨大的佛塔外，南洋没有创造出什么文化，于是才会被经过文艺复兴的欧洲人轻而易举地征服，沦为其奴隶。

但是，真正耐得住南洋单调风土的，不是欧洲人而是中国人。欧洲人凭智慧开发的南洋财富，现在正落入中国商人的手中。只要了解了中国人的特性，就能明白为什么会发生这种事。

南洋的单调并非内容的单调，而是力量横溢的单调。它不是感情空疏、漠不关心的单调，而是充满激情、兴奋不已的单调。如果能防止这种单调，便可推动横溢的力量，那当然就会有惊人的发展。

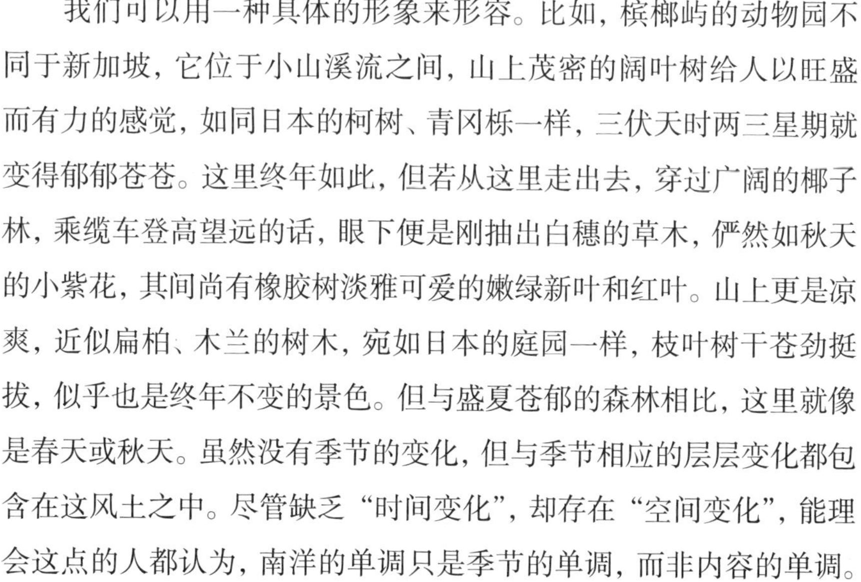

我们可以用一种具体的形象来形容。比如，槟榔屿的动物园不同于新加坡，它位于小山溪流之间，山上茂密的阔叶树给人以旺盛而有力的感觉，如同日本的柯树、青冈栎一样，三伏天时两三星期就变得郁郁苍苍。这里终年如此，但若从这里走出去，穿过广阔的椰子林，乘缆车登高望远的话，眼下便是刚抽出白穗的草木，俨然如秋天的小紫花，其间尚有橡胶树淡雅可爱的嫩绿新叶和红叶。山上更是凉 35
爽，近似扁柏、木兰的树木，宛如日本的庭园一样，枝叶树干苍劲挺拔，似乎也是终年不变的景色。但与盛夏苍郁的森林相比，这里就像是春天或秋天。虽然没有季节的变化，但与季节相应的层层变化都包含在这风土之中。尽管缺乏“时间变化”，却存在“空间变化”，能理会这点的人都认为，南洋的单调只是季节的单调，而非内容的单调。

印度人尤擅长这种感受。因而，他们特别缺乏历史观，但却对丰富的人生观察得极为透彻。

印度是季风地带最为典型的国度，这里分为三个季节：凉爽的干燥期、暑热的旱季和雨季。在加尔各答，凉爽的一月平均气温18.1摄氏度；酷热的三月平均气温28.4度，年平均气温24.8度，与日本九州夏天的平均气温基本相同。即使像拉合尔那样温差较为显著的地方，年平均气温也是23.9度。在我们看来依然是季节单调、四季如夏，然而较之南洋已经算是富于寒暑变化的了。所以，
36 可以说印度像南洋那样四季如夏、生机盎然，却又存在着能够摆脱南洋那种固定不变的生态的种种契机。

然而，使印度人的感受变得最为活跃的要算季风带来的雨季。印度有人口3.2亿（占全人类的五分之一），其中三分之二以上的农民要靠它来耕种。除个别之处水源丰富外，大部分地区每逢季风的延迟、中断或雨量的过多过少，都会变为灾年，以致连一家糊口的口粮和饲料都难以保障。这种灾年频频出现，过去曾带来多次大饥荒。现在交通工具发达，虽然可以防止饥荒，但并无法救济农民的困难。因此，人们营养不良，导致抵抗力减弱、传染病复发。1918—1919年的西班牙流感，患者竟达1.15亿，死亡者750万。即使现在，仍旧找不出什么对抗自然的良策，以解脱印度人的这种生存不安。

由此，我们会发现。正是印度自然的横溢之力，即暑热与潮湿的结合。一方面给印度人民带来沛然生机，同时又无时无刻不在威胁其生存。南洋诸岛没有这种威胁，人们可以单纯地容纳自然。但印度大陆的这种容纳关系中常常含有不安和动摇。这种感受强烈，而又动摇不安的特征，使感性更活跃，令感性更敏锐。这样，自然威

力的横溢便呈现为人的感情的迸发。

印度人的感情迸发出自其忍受、汲取的态度，这种态度同时又表现为忍辱负重的精神。自然赋予人以生机，同时又以排山倒 37
海之势压倒一切，令人无从抵抗。酷暑的持续已经使人的抵抗力达到了极限，当它再与潮湿携手袭来时，人们就只有忍耐，只有放弃抵抗了。这种自然涣散了人们的能动性，萎缩了人们紧张的意志。因此，印度人意志的控制能力无法约束其感情的迸发。

忍辱负重的性格在印度人身上表现为：历史观的欠缺、感情的流溢和意志的松散。我们可以把它当作印度文化在历史上、社会上的一种反映。

尽管从语言及人种上看，印度人似乎与希腊人同源，但从历史和社会上所表现出的印度人的特性上看，却与之大相径庭。“是印度自身造就了印度文化的特有形态，并朝此方向不断努力，为其理想注入灵魂。而赋予印度·雅利安思想以特性，并为其整个人生观增添色彩的地域环境，则是喜马拉雅西北部和源于该处的大河谷。这里是印度的圣地，古往今来都是如此。”[1] 正宗的希腊人出现在南欧的爱琴海时，已经是城邦式的人了。名闻遐迩的《荷马史诗》就已把神与人描写成城邦式的了。然而，印度人正式登场时，他们厌恶城邦式生活的束缚，热爱农业和村落共产体式
的独立。希腊人引以为豪的经商手段在这里遭到蔑视。本来印度 38
人也是其土地的征服者，也是战士，但他们的战斗不是掠夺，他们的胜利与其说是凭借武力，倒莫如说是依靠优越的智力。一手持剑、一手荷锄的战士在农村村落的共同生活中显示出的卓越能

力，便是其作为诗人和哲学家的智慧。“智慧”① 所反映的正是这种战斗的诗人和哲学家的文化。[2] 战士同时也是祭司，所祭的是自然神秘之力。不久，祭司便从战士中独立出来，凌驾于战士之上，在部族的牺牲祭礼上唱着赞歌的婆罗门随后便成为奥秘智慧的保持者、人们的导师与精神领袖。

这些都是印度部族式的人，即村落共同体的表现。它与沙漠部族明显不同的是没有战斗意志。神也决不会偏袒某一部落，均等地赐给所有部族的自然之力也唤不起人们的反抗，成不了某一部族的战神。在最早的《吠陀经》里，不是没有过好战的人，《梨俱吠陀》② 的歌颂者也常常向神祈祷战斗的胜利。但那些神在《梨
39 俱吠陀》中，不是出自为摆脱生存之困境的坚定意志，而是由造福人类的自然之力转生为一种神话形象。许多赞歌不是为“神”而唱，而是为自然而歌。比如，不是赞美太阳神，而是太阳本身；不是颂扬水神，而是歌咏潺潺流水或自天而降的雨水。《梨俱吠陀》的赞歌本身也证实了神话形象的形成是出自这些自然之力的人格化。[3] 所以，人们对神是一种甘受其恩惠的关系，不是沙漠型的那种绝对服从的关系。这里看不到旧约圣经中的赞颂者对耶和华的那种五体投地般的崇敬和坚如磐石的信仰。人们对神的祈祷也不像沙漠部族那样发自灵魂深处，《吠陀经》的赞颂者反倒“与神和睦相处”，他们不是通过对神起誓表示服从、听令以求得拯救；而是期待只赞颂神祇便能使地上的财富更为殷实。神啊！如

① 梵语Veda，智慧、知识。出自婆罗门教的古代经典《吠陀经》，共四卷。

② 梵语Rig-veda，古代印度经典之一，十卷。收有宗教赞歌和世俗诗歌约一千零一十七首。

果我拥有一切财富，就乐于施善赞美我的人，啊，慈悲的神！[4]——
唱这种赞歌的人并不畏惧神，承蒙恩惠才是他们信仰的态度。这
些神作为信仰的对象，即使已被人格化，但还成不了沙漠地区那
种与人密切相关的“人格神”。所以，早在《梨俱吠陀》的哲学赞
歌里，这些神就是作为一种“生命之源泉”。这一泛神论思想到了
婆罗门教或《奥义书》①中便成了婆罗门，成了灵魂。从更深一层
来讲，即是一种非人格化的创造原理，哲学上或称之为“有”或
称之为“无”。作为《奥义书》的顶点，邬达罗迦的“有”就是建 40
立在对“无”的反驳之上的。

在世界上同类的古典中，赞颂神祇的《吠陀经》恐怕是与历史史实相距最远的一种。旧约圣经作为历史故事是众口皆碑的，甚至连《荷马史诗》也可以说带有这类性质。而《吠陀经》则不然，它虽然也涉及神的事迹和人的生活，但都不是客观描述，而只是咏叹而已；是名副其实地在叙述神和人的“智慧”，且并非观念性的而是抒情式的。赞歌、咒文、旋律、牺牲咏叹，《吠陀经》的这四种表现形式显然不同于有历史感的旧约圣经和雕塑感的《荷马史诗》，它完全是一种感情的流溢。

这种咏叹式的智慧经，使我们同时理解到印度人的两种特性：一是印度式的想象力，二是印度式的思维。两者在《吠陀经》中密切结合，常常出现在其后的文化创造中。我们也可从艺术、哲学两方面来理解同一作品，通过这种分辨认识，也就能理解两

① 梵语Upanisad，《优波泥沙陀》，婆罗门教典的最后部分，主要内容是一种哲学思想的修养。为印度哲学史上最早期的经典。

者为何容易结合，为何难以分化。

41　《吠陀经》中表现出的想象力足以说明印度人具有多么敏锐的感性，所有自然界的威慑都因其本身的神秘而被加以神化，不光是日、月、火、水、天、地、风、光这些显而易见的现象，甚至森林、原野、动物，只要是让人感到某种魔力的，便都是神或魔鬼。所以，婆罗门神话世界中的人物，恐怕较其他任何神话都更为丰富。但这众多的神祇在血统上又出自多方，作为与自然现象相关的模式也没有统一到共同的体系中去，神的根基即使存有统一的“方面”——或“有”或“无”——但这种哲学上的统一左右不了神的形态，神的世界愈发杂乱，乃至陷入一种佛教的幻想之中。

但是，给我们留下深刻印象的、具有典型印度特色的想象力的是本生谭。它把所有的生物，包括芸芸“众生”都描述在同一“生命”之中。由神话想象出的所有生物——上天的、入地的，还有家禽、野兽、昆虫都是与我们共生的。我们现世生为人，来世也许生为牛，前世也许曾为蛇。所以，现在是牛或蛇的，它们过去或许曾经是人，或有朝一日将会成为人。因此，芸芸众生现在虽形态各异，但本质同一。现在形状的不同只不过反映了同一种生
42 灵的种种命运而已。这类本生谭的想象将人的历史，起码是将人的“生命”的时间推移从根本上摆平，同时也把握住“生命”的空间演变，即生命的各种变相。现在爬行的蛇过去曾是人是牛是马，曾体验过爱憎，现在之所以为蛇也是由其过去所定，其他所有生物同样都是经历了过去的种种变化才决定了现今的样子。所以，过去某一时代活跃的众生又原模原样地构成了现代。不同的只

是个个生灵都改换了面目。它们的现在当然毫无遗漏地包含着过去的姿相。要想回溯历史的发展，只要对现行的各种姿相进行追溯即可。在这种想象下，从一条横越道路的蛇的表情中，或牛的眼神里，也许可以窥视其过去人生的一面。这样直观上看，人们的日常生活为丰富多彩的生灵所环绕，一步迈出去踩死只蚂蚁，等于参与了一场生命的生杀予夺，因为它过去或许为人。

这种敏锐的感性和情感的流溢，在本生谭中展现出一片无可比拟的梦幻般的世界。文艺作品的形式也如此，而最为显著的例子，应首推大乘经典。那里面感觉形象无限丰富、层出不穷，描写了成千上万的菩萨。这种形象的充溢足以麻痹人的直觉，虽是用语言来描写，却能与巨大的交响乐相比拟，洋溢着一种震撼人心的跳跃感。我们为这种形象的充溢而陶醉，被那种梦幻的世界所

吸引，但这种形象的充溢是建立在不顾及构图的统一、不在乎塑 43
像的鲜艳色彩之上的。也就是说，这种表现形式是不具“统一”性的、单纯的感情流溢。在此，人们必须彻底超越时间与场所的统一。

这种形式的具体形象在印度美术中更是随处可见。雕塑也好、绘画也好、建筑也好，较之细部那种惊人的细腻、多彩，整体构图上的统一总是显得极为薄弱。比如像阿马拉瓦蒂[①]或桑吉的浮雕，无数人体、各种姿态，几欲溢出而现，令观看者头晕目眩，因而看上去缺乏明确要点，结构散漫，没有那种一眼就为之所动的、“强烈的印象”。有的学者为之辩护说：印度艺术家在其构图中汇集了种种生

① 印度南部的佛教遗迹。

灵应有尽有的形态，本身就是为了象征所有生灵的统一。出于此动机，雕塑家尽可能地堆塑起众多的形象；建筑家也在尖塔上再筑尖塔，并将之分成无数的刻面，又将壁面化成无数的凹凸，它象征着“多数中的单个”这一普遍规律。虽然这种统一不同于西洋那种以人为中心的艺术统一，但显然也是一种统一原理。不能说因为没有西洋古典式的单纯，就认为印度艺术缺乏统一。站在印度的角度上看，尽管细部细腻得令人惊奇，但个个部分完全各得其所，保持着
44 一种匀称。[5]的确，不光人，对所有生灵都一视同仁乃是印度人的特征。感性的敏锐欲排挤出所有的**对抗关系**。也正因为此，这种感性的统一不同于意志的、能动的、征服性的统一。艺术的统一只有靠后者才能实现。印度当然有感性的统一，但表现在艺术上，与印度艺术具有形式的统一完全是两码事。为了象征所有生灵的同一性，未必非要汇集无数的形象。懂得象征意义的艺术家，仅靠两个形象的结合也能充分表达之。即使是用群象，也能凭着对细部的完全把握和姿态的完美谐调来达成艺术作品的统一。但是，统一众生这一观念性的动机，并非直接管到细部。印度的雕塑和建筑缺乏对细部的控制，整体只是这些细部的聚合，没能构成真正的统一，因而看上去是难以捉摸的、缺乏明确要点的，这点是无论怎么强辩也掩盖不住的。印度美术的魅力是靠细节的丰富来吸引人、陶醉人的。这种陶醉将人诱入一种神秘氛围之中。如果有人摆出一副态度，要求这种艺术形态整体鲜明的话，那只会从印度美术中感到一种松垮劲儿和一种颓废感。漫无边际的感情流溢在这里表现得最为显著。

印度式的思维特征也如此，《吠陀经》中表现出的“感情思

维”的倾向，即便在哲学最盛行时也从没有消失过。 45

感情思维赋予哲学以特性，不是凭推理而是靠直觉或直接理解；不是依照普遍概念，而是按类型概念或比喻概念。我们应当特别注意的是，它完全不是作为一种历史认识，而是作为形而上学或生命现象学的认识在起作用。

人们可以在希腊初期的哲学和《奥义书》的哲学之间找出许多类似点。两者都是预料世界之统一，而且都是追究“开天辟地之始”的构成，所得到的答案是“水”“火”或“无”“有”。德国哲学家多伊森[①]认为柏拉图思想与优波泥沙陀思想本质上是一致的，这或许是理所当然的。但我们不能忽视的是希腊哲学家寻求与其对立的世界之“始”，并试图靠论证来把握之。所以，在发现构成世界物质的原子的基础上，也发现了“有”的原理。本来这种“对立关系”最终只是作为一种参照系数，不是那种实践性、战斗性的对抗关系。而在印度哲学家身上，丝毫不存在这种意义的对立关系，他们追求的是包括他们自身在内的万物之“始”。所以，在解释“始”之存在，“有”成为“火”成为“水”成为“大地”之前，这种“始”之存在已经有灵魂和开创神了，即是“有识者”是“我”。世界的根源是“我”的话，等于摆平了我与世界的
对立。这一观念正是真正意义上印度哲学的出发点，哲学家只是 46
解释这一观念，用不着论证，也用不着普遍概念。

邬达罗迦是将“我”这一宇宙开辟神话完全理论化的人，据

① 保罗·多伊森（Paul Deussen，1945—1919年），德国哲学家，印度哲学专家，著有《吠檀多体系》等书。

他说，“始初”只有某处的东西，那便是“我”，所以能自我认识。但我们不能问是如何达到这种“有”或“我”的。那是“所见”或所感的事实，哲学家关心的是如何从这一事实中解释现象的多样化。即从单一的“有”怎样展开的？第一步要自觉（看）到这种“有”很多，然后这种自觉便产生“火”。这里“火”既不是“转变的原理”也不是不生不灭的“要素”。它是“火之形状的存在”。燃烧的、闪耀的、发红的、煮的等都可以由“火”来比喻、理解。有这种存在方式的才能指定为“火”。在这一意义上，“有”的多元化的第一步可规定为“火”，但我们于此不能过问这一规定的必然性。它只依附于太阳崇拜的传统中的哲学家们的直觉。接着，这种“火的形状的存在”进而自觉到多元化的可能性，便产生“水”。“水”又是“水之形状的存在”，所有流动的、透明的统统被指定为“水”。这种多元化的第二步就是在日常的身边经验中寻得旁证，例如：汗也是水；热是由火而生；云、雨由太阳热而生。第

47 三步，当“水之形状的存在”自觉到多元化的可能时，便产生“食物”（大地），这又是基于只凭雨水便能获取食物这一最简便、直接的例证。这样看来，也可以认为邬达罗迦所主张的“存在”的多元化是用比喻概念来表达直接体验的、大自然赐予生命的力量。

我们发现，这种思维方式不仅存在于印度哲学的初期，而且其在全盛期也明显存在。印度哲学舍弃那种以“我”为原理的形而上学，试图窥视现实生灵的真相，即所谓法的如是观、如实观。其根本上的直观在放弃“我”的形而上学上是无我观；在将一切现实视作流转上又是无常观；进而在将一切视为痛苦的观念上明显地展示出其感情思维的特征。在这里，苦不单是经验上的痛苦，

而且是一种普遍的苦，是可以直接观察到的例证，也是一切现实上“法”的苦。印度人的感情流溢表现在这一直观上，而且把握这一直观的方法，即靠例证来代替普遍概念的方法显然是印度式的。我们不会忘记：在“法的体系”内构建起来的种种法都是基于这种直观的。比如“老死”不是什么生物中的老和死，而是以其为例可观察到的无常性。“眼”也不是什么生物的视觉器官，而是以此为例所直观到的“普遍意义上的视看”。这种印度式思维的特征，在另一方面显出论证性、悟性思维的薄弱。人们不会努力将一些特殊性归属于一种普遍概念之下，并由此将复杂化为单纯。法的种种罗列常常会陷入失控状态，甚至到最后只是法的 48
“数量”在起着统一作用。阿毗达磨的哲学就是一个好的例子。一般人将各种法排列为五位七十五法都已十分不易了，就连理论最为敏捷的龙树对诸法无自性的论证，也只是重复五蕴·六入·六界等阿毗达磨哲学所罗列的各种法。更何况并非理论书的经典，其哲学思想完全是脱离理论的，只停留在直观上、形象上的描写而已。

印度颇为发达的逻辑学也不例外，也是以直观的明证为核心。比量（分别推理）一般认为是依据现量（直观），现量中把握的在比量中得以证明。因明的做法也不是用推理形式，即不是从已知的前提推导出未知的结果，而是先举出断案（宗）以此为理由（因）和比喻（喻）来论证。所以，新因明的三支做法正好是将形式逻辑的推断方式颠倒过来，而且作为大前提的命题里含有比喻。比喻在印度逻辑学发展之始就十分重视，在发展到最高阶段时更是不可缺少的部分。在这一点上，我们说印度的逻辑趋于直观似乎并不过分。

印度哲学经过种种辉煌发展后，最终陷入密教和印度教的象
征主义中，这恐怕是感情思维的必然结果。印度人那么善于思辨
49 并乐以为之，可却又倒回咒术信仰中去，哲学意义的佛教被驱逐
于国外；吠檀多的哲学让位给了祭礼。可以说正是感情的流溢和
意志的涣散将学问扼杀到这种地步。

通过以上所述，我们知道历史上、社会上所表现出的想象力
和思维是如何衬映印度人的特殊结构的。那就是易于感受、忍辱
负重的态度，其感情的流溢上缺乏历史观并难以控制。这种印度
人越过喜马拉雅山进入到中国和日本，但其方式不是通过战争的
征服，而始终是靠着容纳性、忍从性的。通过佛教，印度人将中国
和日本吸引到自己一方，而又从中国和日本汲取其印度的成分。
反之，沙漠地区的人对印度的侵入是战斗性的、征服性的。印度
人并没从中抽出自身潜在的沙漠型人的要素，只是被外来的沙漠
型所压倒，变得更为心甘情愿，更为忍从。穆罕默德对印度的征
服名副其实地使印度感情的流溢服从了沙漠型的统一。印度穆罕
默德建筑具体地显示了这一关系，但对这一建筑式样，是单纯地
引进拜占庭风格的清真寺呢，还是从印度建筑上摘掉了“尖顶”
和“穹顶”而形成的呢？尚有争议。[6] 不管怎样，那种细部形象的
50 充溢都是经过至今从未在印度出现过的严密的统一而达到完美的
境界，这点是这一建筑的最大特征。

继穆罕默德后，又有欧洲人对印度的征服。可印度人至今也没有学会那种勇于战斗、征服欲强的性格。长期的被征服状态看

上去似乎使得感情的充溢驯服为一种羸弱的感伤。甚至连挺进南洋的勇敢的印度人也大多成为顺从忠实的化身，他们的声音、表情中常有一种软弱而伤感的印象。在往返于南洋与斯里兰卡之间的轮船甲板上，印度人给人的印象正是如此，许多人家在那儿做饭、吃喝、玩耍、睡觉。我们可以目睹到母亲是如何爱抚孩子，小兄妹是如何哄逗小孩；在吃早晚饭时，或许会看到一家团圆的热闹情景，其感情的流溢是催人流泪的、伤感的。在斯里兰卡也能看到同样的景象，比如椰子林中的草舍前伫立着怀抱婴儿的母亲、白发苍苍的老人、拎着书包放学回家的小孩，或者夜晚椰子树下乘凉的床儿、人群……这些途中的片断情景本来并非能打动人心的，但却令游人感到一种强烈的伤感，连那村落夜晚的祭礼，灯火高照、人群喧闹中，也飘荡着难以掩饰的哀伤。传统印度那种感情的流溢令我们惊叹不已的同时，意志的薄弱、对压迫的屈从又令我们内心沉痛。虽然我们没有见到过受压抑的事实，但却能感到印度人身上表现出的一种被压迫感。在上海、香港，尽管
西洋人为所欲为显得那么露骨、霸道，可中国人给人的感觉与其 51
说是受压迫的，倒莫如说是韧性极强的、实际上的胜利者。这正是两国人民的不同之处。印度人因为性格温顺，感受性强，换言之，因为缺乏勇于战斗、欲于征服的精神，反倒激发了我们内在的战斗性、征服欲。访问印度的旅行者甚至冲动地愿意为其独立而战，恐怕也是出于这一事实吧。

从这个意义上看，即便是现代，印度的棉花进入世界市场，印度人仍然是温顺的、忍从的，不抵抗主义的斗争也反映了这点。印度工人的体力较中国人更为羸弱，只抵西欧工人的三四分之

一。但正如短期内不可能变革一样，人的性格也非一日所能改变的。这就是风土的特性，变革要待克服风土之后，而克服风土又只有依靠风土的特殊途径，也就是只有历史地实现风土的自觉，人们才能走出风土的禁锢。

昭和三年（1928年）稿、四年（1929年）补写

注释：

1. Havell, *The History of Aryan Rule in India*, p.t.
2. Havell, op.cit.,p.5.
3. Winternitz, Geschichte dd., Indischen Literatur, I.S. 66—67.
4. Op.cit.,S.70.
5. Havell, *The ldeal of Indian Art*, p.111ff.
6. Havell, *Indian Architecture*, p.4f.,16 ff.

二　沙漠型

“沙漠”这个词通常是作为“desert”的同义词来用的。我也准备按此意思来表述阿拉伯、非洲、蒙古等具有的极为特殊的
52 风土。但是，只要回味一下这个词的意思就会察觉，“沙漠”和
“desert”本来并非同义。宛如同一图形有人称之为等边三角形，也有人称之为等角三角形一样，就同一风土我们或称作沙漠，或叫作desert，只是把握的方向不同，这种不同反映了人们对沙漠这一现象的不同理解。

“沙漠”这个词是从中国传来的。与此相应的日语并不存在，

"沙原"不是沙漠。严格地讲日本人根本不知道什么是沙漠。那么，汉语的"沙漠"究竟是什么意思呢？现代的中国人受日语的影响知道沙漠是 desert 的同义词。但在古汉语的用法中，"沙漠"就是戈壁沙漠的直观内容。"沙"常常用来表示"流沙"；"漠"也是指北方的流沙，那是巨大的沙海，为狂飙卷起而流动。中国人身居其外，只是眺望着这一风土便将其特性理解成漠漠的沙海。

希腊人的 erēmia，罗马人的 deserta，近代人的 wüste，waste，wilderness 等都不是单纯作为沙海来理解的，而是看成一片无任何生机、荒凉沉寂、令人厌弃的地方。人们不光在形态上，而且在有无生机上来捕捉风土，它不仅是沙海，还有突兀的岩石、巍巍的山脉、累累的石砾、干涸的河床。人们于此山河中发现了另一世界：没有植物，也没有生物，恰似无人的家，失去生机，一派空虚。这些景象也是 desert。但是，当风土被称为 desert 时，就不单纯是指外界自然，它成了人与世界统一的一种关联。正如一所房屋、一条街可以成为 desert 一样，某一风土也能成为 desert。这就是"人"的存在方式（并非单纯的人，而是具有个人、社会双重性的人），不是独立于人的"自然"的特性。

desert 作为地理学用语，被看作是"与人隔绝的自然"，是缺乏雨水的荒漠不毛之地。可这时候人们也是将阿拉伯、非洲的荒漠作为直观的内容才建立起 desert 的概念。突兀的岩石、显露的荒地是 rock desert；沙砾之海是 gravel desert；沙海是 sant desert。沙漠一词只能对应 sand desert，并不包括一般的 desert。但对我们来说，将沙漠看作是 desert 的同义词，可以免去"岩石的沙漠""沙砾的沙漠""沙子的沙漠"这类滑稽译词的出现。

我们在这里要考察的“沙漠”是“desert”的本义，不是沙漠。用沙漠一词只是因为找不出其他更恰当的词了。

54 我们将沙漠看作“人的存在方式”，其前提是人作为个人的同时又是社会的，且只能存在于历史之中的。所以，沙漠作为人的存在方式是离不开人的社会性、历史性的。沙漠具体地只出现在人的历史和社会中。要追求自然科学上的沙漠，人们必须从具体的沙漠中，或沙漠式的人类社会中舍去所有人的因素，立足于抽象的立场才行。自然的沙漠正是这种抽象，而“抽象”又是人的能力中的重要特性之一，靠抽象，具体的东西才得以澄清其内容。但并不因此可以混同抽象性和具体性的东西。我们不是要考察这种抽象的沙漠是如何影响人的历史和社会的现实，正相反，我们是想弄清楚作为抽象的基础的，具有历史、社会意义的沙漠。

那么，我们怎样才能接近具体的沙漠呢？对沙漠型人来说，那也许只是自我解释的问题。但人们未必能在自身中了解自己。人的自觉是通过其他惯例才得以实现的。因而要使沙漠型的人自我了解的话，只有置身于淋雨之中才能最为敏感地察觉之。这也说明非沙漠型人作为游客能够接近具体的沙漠，他们在沙漠中会
55 自觉到自己的历史和社会现实距沙漠型是多么遥远，而这种自觉也是通过对沙漠的理解才变得可能，哪怕这种理解只是基于旅行家对沙漠生活的一时体验。只有从本质上理解沙漠，他才会由此投入到历史的、社会的沙漠中去生活。

旅行者在沙漠中度过一段短暂的生活也绝不会成为沙漠型的

人。他在沙漠中的历史并非沙漠型人的历史。也正因为如此，他能够理解什么是沙漠，什么是沙漠的本质。

“人间到处有青山”是一种比喻，表示自由选择人生的一种智慧，并不是就风土的议论，但这种说法之所以可能，是因为从风土上看，青山到处都有，这一青山已包含了内在的生活意义，也就是青山可以代表“故乡”，在某种意义上人们可以在此落脚生活下去。所以，“到处有青山”的风土意义就是人的存在方式。假设这种人某一天渡过印度洋，到达阿拉伯南端的亚丁，耸立在他面前的是名副其实的“突兀”、陡峭、荒凉、赤黑的山岩，丝毫感觉不到任何生气、活力、温柔、雄伟、亲昵的话，来自“青山”的人
便会清楚地认识到**他者**：不单是物理上的荒山秃岭，而且包括非 56
“青山”型的人，以及非青山的人与世界的关联。

我们说的非青山型，抽象地说就是山上没有一根草木。草木遍布的山峰是充满植物生命的，其色彩和形状都表示植物的生机。而在那里，风雨首先只与这种生机相融，并不触及无生机的岩石、泥土。没有草木的秃山是不带任何生机的，风雨也只是单从物理上影响岩石的表层。所以，剩下的是山的“骨架”，是死山，怪石嶙峋、奇峰异岩、黢黑山色都是死的表现，丝毫感觉不到生机。

这种没有草木的山岩，具体的形象就是阴惨、瘆人，它不是物理上、自然上的特性，而是人的存在方式。人在与自然的交融中生存，在自然中发现自我。从美味的果实中发现自己的食欲，在青山峻岭中觅得心灵的安息。同样，在阴惨的山色中发现自己的可怕之处，也就是发现出自己内含的非青山型人的一面。

从风土上看，我们可以用“干燥”来捕捉这类人的存在特征。

比如强烈日照下的亚丁，一年仅下四五次雨。当印度洋上季风骤起之时，这里也仍是天高云淡，日光灿灿。更何况其他季节，尽
57 是晴空朗朗、万里无云，就连容易起云的傍晚，一望无际的地平线上也看不见一丝云彩。这种天气正是这里的日常天气，但晴空万里给人的感觉不是爽朗，而是彻底的干燥。连接近地平线处也没有一点儿淡化的碧蓝，大地也是彻底的干透，感觉不到一丝湿气。除了街上有少量人工种植的树木以外，整个世界走到底都是干燥。这种干燥化作阴惨的山峰、可怕的沙海和罗马巨大的蓄水池；变作运水的骆驼走向游牧，再化作古兰经。一句话，成为阿拉伯式的人。

于是，我们可以将“干燥”当作 desert 的本质来把握。没有住家、没有生机、一片荒凉，都是源自干燥。

亚丁那阴惨的山脉给旅行者展示了沙漠的本质——干燥。尽管千百年来多少人都说过这点，为什么这仍使旅行者感到诧异呢？因为他初次体验了“干燥”，而它不是由温度计或湿度计所表示的空气状况，而是人的生存方式。

红海沿岸，特别是历史上有名的西奈山和阿拉伯沙漠给人以
58 死的印象，旅行者置身于这种风土中，不禁会激发起一股重读《圣经·旧约》的冲动。被选拔出的民众跋山涉水来到的竟是这么可怕的沙海、岩山。他们眺望的也是只剩下骨架的山脉，是“死山”。这种沙漠给人的恐惧胜过大海的汹涛。从不息止的波涛、充满生机的水色以及海洋生物给予我们以生命感，虽然偶尔也有暴风袭来的恐惧，但却剥夺不了我们对大海的亲昵。而沙漠那死一般的寂

静、死一般的颜色和形状，没有任何生机，从根本上威胁着我们的生存。沙漠的夜晚覆盖了地面上的一切，蕴含着死的气息，（夜色中只有天空的星辰给人以活跃、生机，它是沙漠夜晚的最大特征。极端干燥的空气令群星更闪耀，满天星斗大小无数，频频闪烁、相互呼应、运行不息，宛如是在听一场雄壮的交响乐。正是这种活泼、跃动的苍空将我们从沙漠的死亡之中拯救出来。）这片大地只充满着死亡，在整整八个月万里无云的晴空下，太阳欲燃烧尽一切，树荫下也是高达四十五摄氏度的气温，那些被选拔的民众就是在这种土地上漂泊。西奈半岛如此，叙利亚美索不达米亚沙漠也如此。从幼发拉底和底格里斯河谷，一直到巴比伦平原，只有极为狭窄的两岸有些湿润。而且除了这两条河流和流自亚美尼亚山的小河外，整个辽阔的阿拉伯大地没有河流，偶有骤雨流入干涸的河床，几小时后便无踪无影了。如果不是这片大地处处有春雨滋润下的绿茵和岩缝流出的山泉、人工挖掘的水井，阿拉伯人是活不下去的。

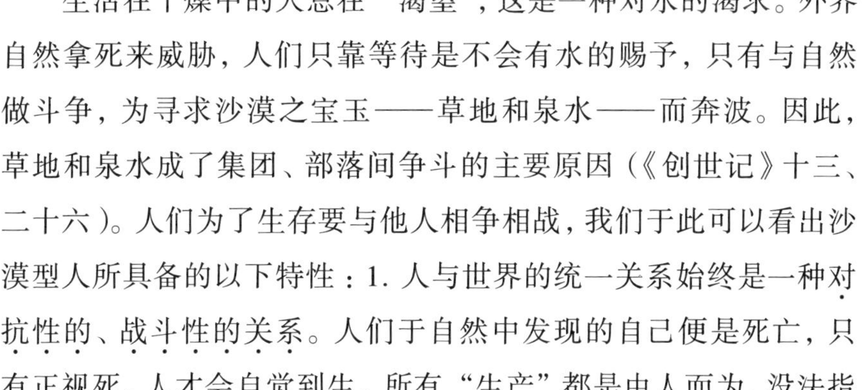

生活在干燥中的人总在“渴望”，这是一种对水的渴求。外界自然拿死来威胁，人们只靠等待是不会有水的赐予，只有与自然做斗争，为寻求沙漠之宝玉——草地和泉水——而奔波。因此，草地和泉水成了集团、部落间争斗的主要原因（《创世记》十三、二十六）。人们为了生存要与他人相争相战，我们于此可以看出沙漠型人所具备的以下特性：1. 人与世界的统一关系始终是一种**对抗性的、战斗性的关系**。人们于自然中发现的自己便是死亡，只有正视死，人才会自觉到生。所有“生产”都是由人而为，没法指望外界自然的嘉惠，只有从自然中夺得草地、泉眼、水井，人们才能繁殖家畜。“生吧！繁殖吧！”这是生对死的战斗的呼唤。2. 在与自然做斗争中，人们要团结，一个人是不可能在沙漠中生存下去的。所以，沙漠型人特别需要生存于共同体内。从自然中夺取草地、泉眼的都是同一共同体的人。但在这场斗争中，人还要和**他人**相对峙。一口水井落入其他部族手里，就意味着自己的生存危机。于是，人与世界的统一关系就成了人与“其他人”的关系。
60 而且这又是一种**对抗性的、战斗性的关系**。由此便又出现“生吧！繁殖吧！”的标语口号。人口增殖之神将“割礼”作为契约强施于人，正是表现了沙漠型人的这种特性。

沙漠型人的精神构造，在上述的双重意义上都是对抗性、战斗性的。而且沙漠型人只存在于历史之中。所以，对抗性、战斗性这一特征表现的地方就是沙漠型人的历史，就是历史上创造出的种种形象。

向自然挑战突出地表现为人类在文化上所做的一切努力。它既不是为自然恩惠所怀抱的态度，也不是视自然为奴仆的支配态度，而始终是一种面对自然，使人或人工的努力与之“对峙”的态度。

在沙漠里，“人工的”对自然来说本来就是异己。在黑暗的沙漠里，无边的大地黑洞洞地充满死亡，当遥远的地平线上隐现出一两盏“灯火”时，人们该是多么强烈地意识到人世间和生命的温暖啊！这种印象较之横渡大洋时看见地平线上岛屿的灯光更为深刻、感人。过去长途跋涉沙漠的人，比如从犹太到赫利奥波利斯的漫长艰苦的旅途中，在离目的地还剩一天的行程，从夜营之

地可以望见远处地平线上那片灯火时，其喜悦心情只有沙漠型的 61
人才能体会。

这种属于人工的东西，仅是以此为理由便能予以人们感动的话，那么，自然界所没有的，只有人工才能创造出的东西在沙漠中当然是特别为人所好。阿拉伯街镇的印象已为旅行者显示了这点：访问过亚丁港的人无不惊叹隔海相望的那片阿拉伯街镇，其惊叹程度一点儿也不亚于那突兀的山崖绝壁。低坦的平原似乎不像陆地，只形成一条细长的、茶褐色的水平线，它与大海的水平线所不同的只在那色彩上：在茶褐色的线上，宛如浮在海面上的白鸥一般，小小的四方形建筑群在日光映照下，白壁、棱角，只是隐隐浮现在三四英里外，却给人以强烈的人工创造物的印象。在没有生命的自然中浮现出“人的创造”——这如同白昼的梦幻；人工的街镇与自然形成的对比就是这么强烈而鲜明。

究竟是什么使之然？光从形状和色彩上看，我们也能解释一些。因为周围的自然中完全找不出构成这一街镇的形状和色彩。突兀的山峰是彻头彻尾的天工造化，感觉不到任何规则、任何目的；大海平沙呈现出一条横线，却极为单调，没有什么整体感；而只有房屋呈方形、长方形等几何状，以完整的形式有规则地浮现于其中。这正是**人类创造出的形状**，它既不是人为地采纳自然固
有的形状，也不是克服自然的形状而达到人为的统一，它显然是 62
要创造出一种与自然对抗的形式。色彩也是如此：土地是茶褐色，骆驼是土色，只有人创造的部分是纯粹的白色。与自然的对抗，就是这样具体地反映在街镇的形状上了。

这一特征又凝结在阿拉伯美术上。那种华丽多彩的装饰图案

是典型的人工创造，那简朴、有力的清真寺造型又是多么富于梦幻、多么脱离自然。只有知道沙漠型人对自然的抗拒，才能准确地理解这一点。

站在这一观点上，我们也可以理解金字塔的形状。古埃及人虽然并非纯粹的沙漠型人，但金字塔的位置本身就说明它是建立在与沙漠的关系之上的。沙漠从外围逼近尼罗河谷，形成一种无垠的起伏，没有任何规矩，只是偶成的波状，而河谷内尼罗河那巨大的弯延支配着整个平原。水面及稻田表面的轮廓皆为不规则的曲线，不呈任何秩序。在这种不规则的、缺乏完整性的自然中，只有金字塔规整有序，以精确的三角形立体般地耸立在那里。这种与周围自然格格不入的造型令人感到人类的巨大力量。古埃及

63 人就是凭着这种力量与沙漠对抗的，也正是因为金字塔那单纯、抽象的造型，才能成为人类力量的象征。本来，这类建筑要与沙漠对抗，必须要有一定的规模。面对空旷的沙海，要表现出人的威力，不光要靠造型，还得成就那般规模才行。但是，如果在此筑起一座类似高冢式古坟那样的巨大陵墓，其规模即便比金字塔大出几倍也表达不出人类对沙漠的反抗。再者，我们不应该忽视金字塔给人的奇异印象，或许有人认为它作为艺术作品有点过于单纯，但正是它所处的这种位置，给人的神秘印象不亚于任何优秀作品。展现在我们面前的总是其部分，而非整体。所以我们常被其隐秘的部分所吸引，这种印象我们在其他作品上感觉得不是那么强烈。事物通常只给我们展示其一面，而我们未必为其隐见的另一面所吸引，特别是艺术品，比如米洛岛的维纳斯塑像，当我们看到其一面时，并不感到有另一面被隐藏着。正因为金字塔在艺

术内容上的单纯明快，反而给人一种“隐秘”之感。

从这两种印象中，我们会理解为什么金字塔作为沙漠型人的表现是必然的。人们或许想从这巨大的造型的必然性上来理解其形状的单纯，但实际上为对抗沙漠而建造这种巨型建筑的热情本 64
身已经显示出沙漠型人的性格。

然而，人类与自然的斗争表现得最为显著的是其生产方式，在沙漠中就是游牧。人不能坐等自然的惠赐，要主动向自然进军，从中夺得极少的收获。这种与自然的斗争直接关系到与人的争斗，与自然做斗争的同时也就是与人做斗争。

这种战斗型的生活模式自远古以来到回教时代一直是沙漠型人的特征。居住在阿拉伯半岛的各个部族，按创世记的命名被称为闪族，其中包括阿拉伯人、腓尼基人、亚美尼亚人等，他们在性格上、精神上都具有共性，语言也十分相似。总之，“闪族所具有的精神特质、思维方式、宗教、国家制度等都可以从**沙漠民族的生活条件**中得到说明。”[1] 这就是战斗式的生活模式。

首先是部族（Stamm）这一社会组织，从公元前10世纪的远古到现代阿拉伯的贝督因人，它一直作为沙漠共同体的一形式存续至今。它不光是“原始的”，而且是与阿拉伯这片大地密切相关的。从形式上看，部族社会结成的理念是同一祖先的血统关系，
因此，（能够战斗的）成人男子在风俗、道德、法律等严格的戒律 65
下，团结一致，过着集体生活。但从内容上看，它只是一种防卫团体，当血族中的任何一员濒临危机时，团体中每个人都有义务去拯救之、防备之，或为之报仇。人们团结在这种相互的义务下，团

体利益、个人利益才得以保护。所以，只要是属于团体的人，对于作为维持团体生活根本条件的草地、泉眼，是不惜与其他部族交战也要捍卫的。

这种部族生活正是一种抵抗自然和他人的反映。人不可能单独生存于个体中，只有在部族的整体中才有个人生存的可能。所以，对沙漠型人来说，忠于集体、服从集体意志是必不可少的要素。但同时，集体行动往往左右个人的命运，部族的败退就意味着个人的死亡。因此，作为集体中的一员，每个人都要竭力发挥自己的力量和勇气，无暇顾及个人情感、保持紧张的意志及战斗的姿态是每个沙漠型人所必需的。于此便产生了**服从**与**战斗**的双重性格，它是沙漠型人所具有的一种特殊结构，也是集体性表现得最为强烈的一种样式。

沙漠型人就是这样形成了社会历史的特殊性格，在此，沙漠就是社会历史的现实，而不单纯是土地。所以，人们在空间上可以离开作为土地的沙漠，但却离不开作为社会历史现实的沙漠。
66 要摆脱这点，就必须从社会历史上向其他方向发展才行。但在这一发展过程中，人们也不是舍弃过去，而是保存之。沙漠型人若是安居于水源丰润的土地并转为农耕生活的话，那也只是沙漠型人的一种发展，不是别的。

我们可以通过以色列族的历史来观察到这点。对本是游牧于沙漠的这支部族来说，水源充盛的迦南[1]如同乐园。所以，经过漫

① 迦南（Canaan），《圣经》中所说上帝赐给亚伯拉罕的地方，现在的巴勒斯坦西部。

长而激烈的战斗赢得这片土地后，便扎根于此开始农耕生活。沙漠式生活的种种约束得以解除，人口剧增、部族繁荣、联盟巩固，最终建立起王国。它虽然不像沙漠式部族社会那么紧密团结成为一统，但以色列族确立的宗教并创造出许多宗教文化都是在扎根于迦南之后。而且，这些文化上所表现的正是沙漠型人的显著性格。他们将一个部族社会上升为一个民族，象征部族统一的神成了整个民族的代表。但是，对神的绝对服从和与其他民族（即其他神）的斗争依然是他们的特征。迦南的风土固然引起了社会文化的种种变化和发展，但归根结底促使这一发展的是沙漠型的人，而并非农耕型的人。

人们也不会忘记这种沙漠型性格在离散的犹太人身上是如何保持着的。始于纪元前几世纪的这一离散，使犹太人遍迹欧洲，而正是这些犹太人教给欧洲人如何建立密切的教团组织。 67

沙漠型的团体式样最鲜明地反映出这种集体性，但现在却打着宗教的名义要求实现超民族的大同团结。于是那些曾经组织、传授教团的犹太人却反倒被教团赶出去。正是欧洲人的这种迫害使得他们要维持自身的民族特性，而引起这一迫害的又正是犹太人自己。也就是说，作为社会、历史现实的沙漠性虽置于欧洲美丽的牧场之中，哪怕是经过了封建的、资产阶级的历史发展，也仍然有保持其自身特征的必然性。不光如此，那种服从而又战斗的生活模式，正如当初风靡欧洲一样，现在要重新风靡当今世界。

当然，沙漠型特征影响到沙漠以外的不光限于上述离散的情况。当初以色列转为农耕时，就有人嘲笑他们是沙漠型人的堕落。沙漠型人的自尊心就像荒原的野兽一般自由奔放，他们较之生活的安逸更热爱生活的奔放。那种安居人特有的“隐于壁后隶从君主”的怯懦，在他们眼里看来是不足挂齿的。这种风气尚存于伊斯兰的初期阶段。当这种服从而又战斗性强的意志坚定的沙漠人重新回到农耕地带时，便征服了那些开化的国家。伊斯兰征服世界便是如此展开的。

沙漠型人征服世界的历史，只要纵观现今尚存的各个宗教就会明白。除了印度有独自的宗教外，其他如基督教、犹太教、伊斯兰教等都是出自沙漠地带的产物。特别是在现实生活中作为
68 宗教仍发挥巨大影响的是伊斯兰教。但从历史上看，小小的以色列——最盛期的国土也不过长 50 里、宽 15—30 里[①]——的历史就宛如整个人类的历史一般，没有哪种力量更能使欧洲人两千年来为之震撼的了。沙漠型人教育了许多人，这是因为沙漠型人本身的特性导致了他们比别人更能深刻地认识自己。

沙漠地带对人类的最大贡献是创造了具有人性的先知，即人格神。能与此功绩相比拟的只有印度人赋予人类的那种不具人格的绝对存在。

但这种先知最初也只是部族之神，在部族内有着神一般的力量，在这种力量下才能维持部族的生存和繁荣。以这种信仰为出发点，所以有多少部族便有多少神祇，耶和华只是其中之一。这些神与他人共同生活、共同饮食、共同战斗，一起享受战利品和猎物。在大型祭典上，人要为神上供牺牲品，而整个部族又一起

① 日里。一日里等于三十六“町”，约等于三千九百米。下同。

分享之。这种贡品在部族生活中的意义重大，一方面重新构筑和平的共同体，另一方面重新自觉地摆正部族中的人际关系，即集体与个人的关系。通过共享供品，使人更相信神与人的血缘关系，从而进一步实践向集体的归属。于是，道德便作为神的命令出现。神对人保证维护物质生活的安全和繁荣：“土地丰收、子孙繁 69
衍”“歼灭敌人、消除疾病”，但反过来却要求人们担负起自卫的、道德上的义务。换句话说，沙漠中的生存建立在整个部族的集团自觉性上（也作为神的命令表现出来）。对沙漠人来说，这种自觉正是“摆脱生存的窘迫”（Not-wenden），即部族神对沙漠人来说是一种必然的（Notwendig）的结果。

神作为部族的统一象征是一般原始宗教的基本特征，并不仅限于沙漠地带。但部族生活不是单纯地停留在原始阶段，而是作为沙漠生活的方式有其特别意义。同样，部族神的信仰也因沙漠生活的必然性，较其他地区更为强烈。这种特殊性将部族神升华为具有人格的神。它是“与自然做斗争的人”自觉到集体后的产物，并不含有自然界力量神化的痕迹，自然必须置于神的支配下。希腊的诸神与此相反，或是外界自然的神化（比如宙斯、波塞冬[①]），或是自然内部的神化（阿佛洛狄忒、阿波罗[②]）。表示部族统一的神祇早在神话创作之始，已祭为“英雄”的地位。密仪宗

---

① 宙斯，希腊神话中的主神，威力无边，能随意降祸赐福，并掌管雷电云雨，是诸神和人类的主宰。波塞冬，希腊神话中的海神。

② 阿佛洛狄忒，希腊神话中爱与美的女神，掌管人类的爱情、婚姻和生育以及一切动植物的生长繁殖。她生于海中，以美丽著称。阿波罗，希腊神话中的太阳神，主神宙斯的儿子。

教的诸神，比如密斯拉（波斯琐罗亚斯德教的太阳神）、奥塞烈司（地狱判官，古埃及主神之一）之类也都是大自然力量的神化，而不是人的整体表现。这些神诞生的土地上多少有些自然的恩惠，相比之下，沙漠里的自然是死的，生命只存于人，所以神必须是具有人格的人。

70 但是，耶和华作为部族神是怎样成为统一的、具有人格的神呢？据传说是摩西[①]的功绩，多亏摩西，耶和华才使以色列成为一个强大的“部族”。但正如学者所述，如果以色列不是一个部族的名称，而是部族联盟的名称的话，也就是如果以色列是将耶和华视为战神守护神的一种战斗联盟、宗教联盟的话[2]，耶和华早在传说之始就已经统一了各个部族。这并非罕见之例，具有高度自觉的人格神，将带有同一倾向的各部族神统统收拢到自己手下，这样耶和华就不单是一个部族的神，而是整个沙漠地带的神。它通过这一民族的苦难和许多预言者的狂信，逐渐化为一种明确的形式。这种形式进而又通过希腊的中介保护，才得以超越沙漠进入到更为广大的人类之中。至此，耶和华便成了普遍的人类之神，不管它是否通过沙漠而出现、不管它存在于任何生产方式、生产关系之中，欧洲人相信他们所期冀的神终于降临了。当然，这里神是通过基督转化为爱之神的。尽管如此，这种“人格神”之所以能够出现，还是因为沙漠人所具有的独特环境。

71 人格神的沙漠特性表现得最为显著的是穆罕默德。他反对当

① 摩西，《圣经》中传说率领希伯来人摆脱埃及人奴役的领袖。

时阿拉伯的偶像崇拜，标榜对“亚伯拉罕”信仰的回归。他的这种革命立场与当时的部族生活并不相悖。[3]人们同过去一样，离开部族的团结便无法与自然的威胁相抗拒，服从部族整体仍然是沙漠生活中的可靠屏障。穆罕默德对这种象征部族统一的“人格神”重新赋予新的生命，他热情主张服从部族就是服从神，在部族内也曾像摩西那样，完成“对神的服从”，并靠这一力量与其他部族展开战斗。他抗拒迫害并非作为个人而战，而是为自古以来部族间的争斗而战。他胜利了，实现了“靠对神的服从来达到对其他部族的征服——即阿拉伯民族的大团结”。整个阿拉伯作为一个部族达到了服从的统一。于是，这种服从神祇而又战斗性强的阿拉伯人极为迅速地打出沙漠外，征服了当时世界的绝大部分。可以说“亚伯拉罕之神”正是在伊斯兰教里表露出服从与战斗的沙漠性格来的。

以上我们知道沙漠人的特性就是“干燥”。所谓干燥就是与人、与世界形成的一种对抗性、战斗性的关系，也就是个人绝对服从集体的关系。这一点我们通过与古埃及人的对比就会更为明确。

埃及的风土具有奇特的双重性：干燥与湿润。那里雨量极少，
据说开罗的降水量只是日本的七十分之一，空气也极度干燥。因 72
为狭窄的河谷——下流宽不超过 8 里，上流最宽处不足 2 里——被沙漠所环抱，只能听任漠漠沙海的干风。尽管如此，靠着来自非洲大陆深处的流水，尼罗河流域湿润肥沃，各种谷物、蔬菜生长旺盛，其间还有南国的树木郁郁葱葱。这片沃野的绿色与湿润的远东和南洋性质完全一致，自古以来此处被誉为世上最富饶的土地看来也绝非夸张。

埃及的风土是一种没有雨水、没有湿气的潮润，是干燥的湿润。所以古埃及人的特征是一方面与沙漠做斗争，一方面依赖尼罗河。在与沙漠相斗上也许近似沙漠人的特性，但在对自然的依存上又与沙漠人迥然不同。对埃及人来说，尼罗河成了沙漠部族统一的象征，虽然现在上游的蓄水池已可以人工调节水量，但如果水量低于平常水位5尺的话，那片三角洲便会出现惨不忍睹的荒废景象。更何况在听任其自然的古代，埃及的生死存亡全都寄托于尼罗河的恩慈。所以，自古以来埃及文化是围绕着尼罗河的水涨水落这一核心，即不必主动去征服自然，而是在被动地观察自然中得以发现的。于是，埃及人虽然对外显得意志坚定、勇于
73 战斗，但在日常生活中却是清心静欲、感情丰富，其智慧的发达和美感的提炼都是沙漠地带难能一见的特征。人们用细腻丰富的感情编织出的不死信仰，令爱情、生命永存，并将它表现为木乃伊的形式——凭着他们对防腐剂所拥有的超绝的知识。从那对美丽的王子、王妃夫妇像中，我们能发现愿爱情永恒的极为柔情的内心世界与人体、表情的敏锐写实结合得那么完美无缺。这种柔和的心境与明彻的直观相结合，作为埃及的最大特征只能通过对慈爱的尼罗河的依赖来得以解释，而沙漠地带人所缺少的也正是这一点。

斯宾格勒[1]说：所谓“自然”就是人的因素彻底饱和了的体

① 奥斯瓦尔德·斯宾格勒（Oswald Spengler，1880—1936年），也译作“施本格勒”。德国唯心主义哲学家、史学家。主要著作有《西方的没落》《抉择的时刻》等，是希特勒“国家社会主义”的理论前驱者。

验。所以，不存在一般的自然，只有希腊的、阿拉伯的、日耳曼的特殊自然。这是把空间问题置于文化根基上，而不是当作活生生的风土——人的存在方式——来把握。所以，他想用“物象分离开的抽象的空间世界”来同时解释西欧的法西斯精神和阿拉伯的咒术精神。这无疑是从根本上忽视了阿拉伯的自然与日耳曼的自然的区别。

爱德华·迈尔①更为具体地指出了沙漠民族的特性：1. 思维
的干燥性。对实际事物观察敏锐、判断准确，但爱权衡利害关系、 74
会打算，缺乏纯粹的理性观察和感情的陶醉。在沙漠里，静观和被动就意味着死亡。2. 意志坚定。不畏任何困难，残酷如兽，朝着目标勇往直前。作为商人的成功正是凭着这一素质。3. 强烈的道德准则。归属于集体，富于牺牲精神，知羞耻。常常以信心百倍的理想家形象出现，如许多预言家、穆罕默德、穆斯林的英雄们等。但这些理想家们不能缺少上述两种特性。4. 感情生活的空疏。缺少温柔、和悦之情，很少有富于想象力的创作动力。文学枯燥，也没有什么美术和哲学（也需要想象力）。

这些特性概括而言就是注重实际、意志坚定。这正好与“静观的、感情上的”形成对照。我们从沙漠中理解到的沙漠人的存在方式正是如此。只是我们不能将此作为“沙漠的民族特性”来捕捉，具体地说，离开沙漠这一民族便不复存在，人与作为自然的独立的沙漠也不复存在。这一民族的根源是沙漠型的人。沙漠是

① 爱德华·迈尔（Eduard Meyer，1855—1930年），德国历史学家。主要著作有《古代史》五卷。他提出在古希腊、罗马的历史发展中，也有过封建主义和资本主义，形成所谓“历史循环”论。

历史、社会的现实，所谓民族特征或特性在本质上只是人的历史风土上的特殊存在方式而已。

昭和三年（1928年）稿，四年（1929年）加改

注释：

1. E. Meyer, *Geschichte des Altertums*, I. 2, S. 388.
2. M. Weber, *Religionssoziologie*. Ⅲ. S. 90 ff.
3. Goldzieher, *Die Religion des Islams*, Kultur d. Gegenwart, I. Ⅲ.1.

三　牧场型

75

（一）

这里说的牧场是wiese或meadow的译词，但这个译法不够贴切。“牧”就是“马场”，与“牛込、马笼”[①]一样，是圈牲口的地方。wiese是牧草生长的土地，进而延伸为一般的土地。另有“草原”一词，其意义也与饲养家畜的wiese没有密切的关联。日语中找不到与wiese相吻合的词，所以明治初期的翻译家们便用牧场这一含有家畜意思的词来表示草原。现在我们权且依此译法。

日语里没有相当于wiese的词，说明日本没有wiese这种地方。日本的草原利用价值不高，是一片遗弃的土地。而wiese一

① 现在牛込、马笼均为地名，前者在东京都新宿区的东部；后者在长野县。从其构词来看，过去曾分别为圈牛、圈马的地方。

方面是草原之意，一方面还有田地之意。田地是为人栽培食粮的土地，而 wiese 则是为家畜种植饲料的土地。田地需要耕耘，而 wiese 则不用。两者的共同之处是人们都守靠着它，并从中获取有营养价值的东西。wiese 有自然的，也有人工的，随时可以开垦为农地。人工的 wiese 通常是田地轮耕的初期阶段，就像日本的麦田隔几年要转种一次紫云英一样。所以，你若想直观地想象 wiese 的话，只要在脑里浮现出这样的情景就行：广阔无垠的土地上，紫云英含苞欲放。当然并非紫云英一种草，除了这种马饲料类以外，还混有多种冬草，该有 10—20 种吧，都是那种柔嫩的细草， 76
光着身子躺在上面也无妨。所以，将绿色的 wiese 比作绒毯，称之为 wiesen-teppich 也绝非夸张。这显然与日本的草坪不同。

我把这种 grüne wiese 暂且称作牧场，想用此来表示欧洲风土的特征。乍看上去用牧场来代表近代工业的发祥地似乎不够稳妥，或多少有些伤感似的。但铁、煤、机械等工业的“冷彻的现实”，其实是绿色牧场的延长，即工厂也是“牧场式”的。在此，我们想考察一下欧洲人及其文化为何称得上是“牧场式”的。

给我这一考察提供线索的是京都帝国大学农学部的大槪教授。他说，从季风地带经过沙漠进入地中海，穿过南边海面，早上第一眼望见意大利南端的陆地时，首先映入眼帘的便是欧洲的“绿茵”。那种特殊的色调不是印度、埃及所能见到的。时值 3 月末，“西西里亚之春”也已近尾声，小麦、牧草葱葱郁郁、美不胜收。连古火山的中腹部，灰白的岩石点点突出处，竟也与平地一样为绿色所覆，还可以看见在岩缝间吃草的羊群。这种山的景象令人惊叹不已。因此，大槪教授告诉我说：“欧洲竟没有杂草。”这 77

句近似启示的话，是我把握欧洲风土特征的一个出发点。

（二）

从日本出发由东往西，和太阳运行一样绕着地球走，首先体验的是季风地带那强烈的“湿热”，接着便是沙漠地带那彻底的、毫无“湿润”的干燥。到了欧洲，既不湿润也不干燥，或也可以说是湿润的同时也有干燥。从数据上看，阿拉伯的降水量是日本的几十分之一，而欧洲的降水量是日本的六七分之一或三四分之一。从感觉上说，那正好是湿润与干燥的一个折中。

这种湿度的辩证法，当然不是历史发展的辩证法。它首先是旅行者体验的辩证法。湿热作为人的体验，在季风地带已形成独自的文化类型；同样，干燥也是作为沙漠地带人的体验反映为沙漠的文化类型。这些文化类型不管相互间有无历史上的影响，其风土类型所构成的文化对立，必定会成为世界文化内部构造中相
78 互关联的契机。所以也可以说，湿热和干燥相综合的辩证法就是世界文化结构相关联的辩证法。从这一观点上还可以解释文化史上的许多事象。比如，保罗的基督教含有犹太教的因素，当它要在欧洲普遍展开时，一方面作为其沙漠宗教的犹太教的干燥性被加以否定，另一方面又在内部充分发挥了预言家们的道义热情。与此同时，沙漠中所没有的“湿润”则成了欧洲基督教的特征，并逐步培养、壮大为爱的宗教，惠天下以慈悲。像对圣母玛丽亚的崇拜，季风地带就比沙漠地带更容易接受。所以，不能将这种干燥与湿润结合下的特性仅视为历史的发展，应该说是基于欧洲人的性格而成的。而这种**性格**之所以是欧洲的，也正是因为其风

土所决定的。

这里，我们可以将欧洲的风土视为湿润与干燥的结合。其湿润不是像季风地带那样由暑热带来的，因为这里的夏季是旱季；也不像沙漠地带那么干燥，因为冬天正逢雨季。尽管南北之间有很大的差异，但这一特征仍贯穿着整个欧洲。南欧和北欧之差别，从根本上来说表现在太阳光的强弱、晴雨天的多少上。虽然雨量大致相等，但阳光充足的南欧夏季较为干旱，冬季较为湿润。而且
南欧的冬天总是天晴日朗，北欧的冬天则是阴云笼罩。从这点看，79
在某种程度上欧洲的风土可以分为南北，而且从文化史上看，欧洲的开端是南边，所以就让我们从南欧开始考察欧洲的风土吧。

（三）

南欧多指地中海沿岸的国度。“地中海”是地球上唯一的、名副其实的“三大陆环抱的海”。这里既非大海环绕陆地，也并非陆地为大海所绕。所以，地中海不仅在文化史上成为光彩夺目的舞台之一，而且其海洋性质与一般的大洋迥然不同，且十分罕见。比如其海水温度，因不受海洋的影响，非常温暖，最深处的温度也有十二三摄氏度；少有退潮、涨潮，即便逢新月、满月涨潮之时，一般也不过高出 0.3 米，威尼斯涨得最高处也不过将将达到 1 米。这恐怕是由于直布罗陀海峡过窄、海水不流动、西有大西洋所致的吧。此外，注入地中海的河水及雨量也极少，甚至弥补不了海水的蒸发量，这也是地中海较为特殊的一个重要原因。

据我自己的亲身体验，3 月、5 月、12 月地中海呈现的情景
与我们的平常认识有所不同。虽然这只是模糊的印象，但对我来 80

说却感受深刻。自 12 月中旬到翌年 1 月，我从法国马赛经尼斯、摩纳哥再到意大利的热那亚，走走停停，整个利古里亚海岸宛如南国般温暖，处处可见移自东方的竹林，还有多种热带植物。午间也不用穿外套，散起步来居然汗渍渍的。这种南欧的海岸与日本南边海岸情趣不同，尼斯、摩纳哥一带的海岸全是清一色的混凝土牢牢地扼住海岸。使我感到惊异的并不是这一景象，而是那岸边路旁白晃晃的细沙，经波浪拍打后就像刚刚清扫过一样，不掺杂一点儿尘迹，一直延伸到遥遥的远方。日本南方的大海，波浪拍岸的冬景也很耐看，但总有一种被潮水浸湿的感觉，吹来的海风也是湿漉漉的，而这里的海风没有潮气、干爽爽的。我们的海至少海水味很浓，尽管冬天没有夏天那么浓厚的海滨气息。而当我面对这里的“缺乏大海气息的海”时只是惊诧不已。沿着透彻的海水转了一圈，才发现岸边的海底及其岩石上，竟没有任何植物生长的痕迹，也看不见什么贝类附着的迹象。很难想象大海里没有这类生物，可自己的眼里竟没有映入一丝一毫。为此，那如同被化学颜料染过一般的透明的海水，在我心中打下了特别强
81 烈的烙印。比起我们南方的大海的那种复杂色调，这里给人的感觉简直相差得太悬殊了。在日本，即便是冬天的大海，海女们潜下水去就能从岩缝里抓一把海带、捞一把海螺上来，让喜欢吃烤海带和烤海螺的城里人能在严冬的餐桌上嗅到强烈的海味之香。但在地中海，这种感觉皆无。这里的海生物不多，海草亦不茂盛，甚至在我的记忆里没有见过一次出海打鱼的渔船在海上作业。海总是静悄悄的、荒凉凉的，连一片帆影也望不见，对领教过日本冬季渔场里那种与金枪鱼及鰤鱼勇猛搏斗的场面的人来说，这里

真是一片死海。

沿着意大利的海岸走了几天，给我的印象也一样。驾车往阿乌尔菲方向顺着海岸的崖路行驰时，俯瞰大海，也是看不见海草、贝类，望不见渔船的桅帆。绕着西西里岛转一圈也是同样，岛的四周看不见渔船，岸边的岩石上也没有附着什么动植物。在日本的海岸边上，一眼就能分辨出哪块是刚从陆地搬来的岩石，哪块是海水浸透已久的岩石。而在西西里的海岸上，两者难以区分，都是光溜溜的岩石，没有附着物。在我们看来，连湖水都不该是这样。

观察至此，我才终于开始理解到地中海的真髓了。它也许能
称为海，但与浪涛澎湃的海不一样。真正的海里，从微生物到鲸 82
鱼，生存着无数种类的生物，而地中海里的生物之少使其可以称作死海。大海本是丰饶的，而地中海则是贫瘠之海，它给人以荒凉的印象绝非偶然，它缺少海鲜，是海之沙漠。所以，地中海沿岸一带的渔业、水产业不发达也是极为自然的。对旅行者来说，马赛和威尼斯的鱼肴给人的印象深刻，也只有这两座城市是地中海的例外。这是因为从欧洲大陆流入地中海的河流，颇具规模的只有流经马赛旁的罗讷河和威尼斯附近的波河，而且只有接近河口的海域才是鱼类生长繁殖的好地方。希腊人与海那么亲近却只吃兽肉，也是因为上述原因。相比之下，我们的大海不光受黑潮带来的恩惠，还从无数的河口汲取养分，所以，我们的岛国就像是个大鱼床，成为世界上屈指可数的渔场也不无道理。人们都说，日本的渔船数与世界上所有国家的总和相匹敌，日本的渔夫也同样比世界上渔夫的总和还要多。这样的渔业国里有的是鱼肉、海草，

当然不必以兽肉为必需品。

因此可以这么说，地中海自古以来就是“交通要道”而不是别的什么。山虽相隔海却相连，这一认识只有对地中海是正确的。与此相比，我们的海是获取食物的田地，而不是交通要道。直到
83 最近才作为海路交通来用，以前只是隔开岛国与大陆的屏障。所以，不能拿我们的海的概念直接照搬到地中海上。它作为历史舞台，不是我们想象的那种海。早在《奥德赛》[①]里就为我们提供了有关地中海航行的极为详尽而精确的知识。地中海是那么便于航海，岛多、港湾多，雾少望远，好天气可持续七个月，很容易靠天体决定方位。风也刮得很规则，陆风和海风交错有序。所以，对海上的人来说，地中海的航行简直容易得像娃娃过家家。从意大利到法国南部，再到西班牙为止，凡带有希腊特色的沿岸一带都曾沦为希腊的殖民地。对希腊人来说，地中海实际上就是交通航路。要是没有这片海做交通，罗马和卡塔戈的激烈争执也是不会发生的吧。

地中海的这种特性，正好与“干燥的海”相关联。如果地中海像太平洋那么湿润，能够繁衍无数生物的话，沿海一带的人们就可能不会那么来回奔波了。正因为它是“干燥的海”，不仅没能给海里的生物以养分，而且散布其中的岛屿和沿岸的土地也贫瘠。马赛那边海上的小岛，恰如阿拉伯南端的亚丁一样，山上尽是赤裸的岩块，一棵树也不长。海岸的群山也与此相近。利比亚

① 古希腊史诗，相传为荷马所作，共24卷，约12000行。叙述希腊英雄奥德修斯历经种种艰险重返祖国的故事。

海岸的平地处生长着繁茂的热带植物，其背后耸立的群山也是日本少见的干燥的岩山。意大利半岛沿海走向的山脉比内陆的山脉 84
明显光秃得多。而且到一定高度（约三四百米）以上肯定成了寸草不生的岩山。所以，海岸一般只能作为贸易口岸开放。换言之，除了海岸面临交通要道以外，从海里没能得到任何惠赐。这也是起因于海的干燥，它南边是广漠的撒哈拉沙漠，东边又有阿拉伯沙漠，只有凭其海水的蒸发来湿润空气。来自大西洋的湿气被比利牛斯山脉、阿尔卑斯山脉和阿特拉斯山脉所阻拦。所以炎暑时节也就是海水蒸发得最厉害的季节，也是沙漠干燥的空气与湿气最为中和的季节，也就是这里的旱季。地中海就是这样的海，无法将雨水送进烈日炎炎的土地上。

（四）

夏季干燥——这便是牧场地带的特征之一。欧洲无杂草是因为夏季正逢干旱期。所谓杂草是指对家畜毫无营养价值、繁殖力旺盛、有能力驱逐牧草的草的总称。我们通常所知的“夏草”正属于这种杂草。它以炎暑和湿润为条件繁衍，无论路旁、堤坝、空地、河滩到 85
处生长，5 月前后开始发芽，受梅雨滋育后，到了 7 月就猛蹿到数尺高，且根扎得牢，顽强不息，连练兵场上也能扎根繁殖。无论是耕地还是住宅地，若不管它，一两年就会被杂草占领，化为荒芜之地。杂草的这种旺盛的活力就是来自炎暑与湿气的结合，即梅雨和其后的灿烂阳光。而这里夏季干燥，正需要水分时却欠湿气，所以杂草无法生根发芽。

像意大利那样阳光充足的地方却不长夏草，真是不可思议。

但事实确实如此，典型的例子是马勒门（Maremmen），一般狭义地指比萨到罗马之间的沿海一带，广义地指比萨北部一直到拿波里一带的整个海岸。其中也包括罗马郊外的堪巴尼亚平原和罗马东南沿海的彭甸沼地（Paludi Pontine）。这一带是有名的荒凉地带，早在罗马时代就因夏季的疟疾而著称，人们不住平原都退居半山上。像这种被放弃的土地，要在日本早就成了无法整治的荒地，而这片广阔的平原、湿地及丘陵却不会为杂草所覆盖。当然不是说一点儿也没有杂草，细细的、弱不禁风的杂草分布得极为零散，尚达不到得以驱逐柔嫩的冬草那种程度，也没有繁茂到能从此处抹消牧场的势头。从当年 10 月到来年 4、5 月，这里仍可作为牧场使用，换句话说，连这种被抛弃的土地，不用施加任何人
86 工也能成为“牧场”。

夏季的干燥使杂草难生，剩下的主要是冬草和牧草。夏天覆盖着欧洲大陆的正是这种柔嫩的冬草。只有地中海地区难以在夏天的原野上看见冬草。因为到了 5 月末，法国南部和意大利的野草开始发黄，正值小麦泛黄时节，牧场也开始变色。所以意大利的山野与其说是绿色，倒不如说是呈黄褐色。当然山上有银绿色的橄榄树，也有高大的落叶树，但总的来说树木稀少，山色的基调是以草色为主。这样，山野由于夏季的干枯而完全泛黄，要等到雨季开始的 10 月左右它才开始再次变绿。牧场也是随着冬季的到来再次恢复其美丽的绿茵，这对我们来说恰如麦田里的绿苗一般清新。

由此我们可以看出冬天的湿润对夏天的干燥的意义。10 月的雨恰如我们的梅雨，当然没有梅雨那么大的潮气，就好像日本

的蒙蒙春雨一般。在这种静静的秋雨下，冬草不需要暑热也能发芽生长，而且不光是原野，连山岩的石缝里也遍是这种柔嫩的冬草。可以信手拈来的例子便有旅行者熟悉的马赛的圣母山冈和罗马的蒂沃利山。那难以风化的白色石灰岩的表面，几乎占了地面
的六七成，处处露有斑点，而其间却被柔嫩的细草铺盖得十分美 87
丽。日本的岩山表露的程度没有这么厉害，而其间倘若有植物生长，也都是顽强的野草和松树、杜鹃花之类，决不会是冬草。我初次从船上眺望欧洲的绿茵时，感到惊奇的正是这种与白色石肌交错生长的冬草之色。既然它可以生长在岩山，更何况土山了。只要是不太高的小山上几乎全被小麦和冬草铺盖得严严实实。这种景象还并不稀奇，西西里南部那一望无际的缓缓群山上，绿草一直延伸到山顶，只有山谷底下有些果树。

夏季的干燥和冬季的湿润抑制了杂草的繁衍，从而使欧洲全土化为牧场，这便决定了农业劳动的性质。日本的农业劳动核心任务是除草，不除去杂草或稍有怠慢的话，耕地马上会退化为荒地。不光如此，除草特别表现在“除田里的草”，即正逢日本农村最为辛苦的时节——决定日本住宅式样的时节，也就是说要在三伏酷暑时与这些顽固的杂草做斗争，这期间正是它们猛长的时候，稍一懈怠，就等于放弃了农活儿。相比之下，欧洲的农夫没有必要与这些杂草搏斗，土地一经开垦，总是顺应人类的，不会偷空就转为荒地。因
此，农业劳动缺乏与自然做斗争的契机，农夫们只要将小麦、牧草 88
种子播到耕耘后的土地上，就只管坐等其成了。土地又不像日本那么湿润，没有必要在地里垄畦，只管像草原那样整片地种麦子。麦间即便混有杂草也没有麦苗强壮，反倒被麦苗所驱逐。这种麦田和

牧场一样不用费事，远远看上去也简直分辨不出哪是麦田哪是牧场。只有到了4、5月，两者的区别才明显起来，当麦子开始泛黄时，牧草便被割去备为饲料，然后才是麦收季节。农活儿不必防范什么，只是一味进攻型的耕作、播种、收获。

但也许有人会说这不是在拿夏天的劳动和冬天的劳动做比较吗？的确如此，获取主食的劳动性质不同。地中海地区夏天的劳动是栽培橄榄和葡萄，这不是主食的耕作，而且这种农活儿是持久性的，不像水稻插秧那么急促。进入夏天的干燥期后，葡萄开始发芽蔓枝，农夫只需等着它开花结果就行。据说意大利的葡萄收获量几乎与小麦相匹敌，而其劳动量并不繁重，当然不必除草，但必须整治害虫。可夏天的干燥也并不利于昆虫，比起日本的昆虫之多，地中海沿岸的虫子就算少得可怜了。所以，整治果园的害虫要比对付平原上疟蚊容易得多。十几里平原即便放置为草地，从山麓到山腹部却多是丰沃的土地。比如罗马附近的阿尔巴
89 诺山和蒂沃利山就是如此，山坡斜面被冬天的细雨滋润成肥沃的良田，到了夏天的干燥期便成了硕硕橄榄和葡萄的果园。这一带的农夫过着悠悠自在的生活，喝着自己酿制的葡萄酒、聊天度日。有人说意大利人懒，其实是农活儿比较轻松，而农活轻松就意味着自然比较顺从人类。

（五）

夏天干燥、冬天湿润，这种暑热与湿气的并行不悖反映出自然的顺应。这一顺应更为鲜明地表现在气象上，而不是在草木上。湿热的结合常常酿成大雨、洪水、暴风等“自然的淫威”，而湿气

一旦与暑热相隔离，这些现象便极为鲜见。

地中海一带的雨量是日本的三分之一或四分之一，多集中在冬天的雨季里，且不是那种倾盆大雨，而是蒙蒙细雨湿润大地。如果像日本那样，由热带海洋上形成的湿气化作暴雨袭来的话，意大利的那些斜坡耕地绝对经受不住。那耕耘到顶的西西里山冈
上，几场暴雨就会冲刷掉草根，接踵而来的酷暑马上会使之干枯； 90
葡萄、橄榄地也会水土流失化为荒原。所以，这里的耕地之所以肥沃，首先取决于少有暴雨洪水的冲击。

大雨少到什么程度，最直接的证据就是堤坝。凡害怕暴雨激流之处总是堤坝高筑，可这里几乎见不到这类建筑。意大利的第一大河——波河到了下游才能见到堤坝。对这么一条大河来说，从其丰沛的水量——来自阿尔卑斯湖——来看堤坝是显得太单薄了些。阿尔卑斯的大雪融化常常会引起水位剧增，可就这种程度的堤坝也能对付。我在此旅行的 3 月，赶上往年少见的阴雨连绵，难得见晴天。报纸上整天报道波河流域的洪水情况，实际去河边一看，堤坝里河水溢得满登登的，其流动之缓慢似乎不像在动。再到堤坝低处一看，也是平平静静地，就像涌出的泉水越过岩边无声地溢出一样，泛过堤坝表面而灌入田间。田地和牧场的低洼处为水所浸，处处似雨后的大水滩一样。诚然，这也是洪水，农田、牧场因排水困难也毁掉了不少。可我还是禁不住感到滑稽、可笑。
在我们看来，洪水该是奔腾呼啸的浊流，它上下翻腾冲破堤坝，滚 91
滚涌入田间。那种惊心动魄之感这里却一点儿也感受不到。几十年罕见的连绵阴雨天也不过如此，平常那种平稳的情形料想而知吧。

风一般也比较弱，偶尔，特别是冬季从撒哈拉沙漠会吹来西

罗科风[①]，但我在那儿的百余天里一次也没碰上。风弱也明显反映在树木的形状上。那里的树像植物学的标本一样端正而有规律。特别引人注目的是伞形的松树和铅笔形的侧柏。圆圆的、像馒头形伞状的松树，不光见于公园，在原野、山顶也常见。其实那只是撸去了下枝，并未施以人工的修剪，但其树枝却向四周均等展开，枝梢也整齐繁茂，垂直的树干支撑着端正的伞状。提起松树，我们看惯的是树干弯曲、枝叶倾斜的那种，而这里对称均匀的形状宛如人工所为。侧柏那笔挺而修长的身姿也同样如此，就像被园丁认真精心地收拾了一番似的。树梢分成细网一般，细密而整齐。除了这些醒目的树木外，其他各种树木也都精粗有别、繁而不乱、自然成形，宛如日本庭园里经园丁修剪过的扁柏和丝柏。枝叶的伸长井然有序，简直像植物学教科书一般。它不仅给我们以人工之感，其整齐合理的形状甚至令人感到一种明确的合理性。当然稍加思索就会明白，我们认为这种形状像人工的，是因为我们看惯了本国那种不规则的树形，因为规则整齐匀称的形状在日本只
92 有人工才能创作出来。对欧洲的植物来说，那本是其自然的形状，而不规则的形状才是不自然的。所以可以这么说：在日本是人工的与合理的相互结合，而在欧洲是自然的与合理的相互结合。文艺复兴时期的意大利绘画中，常见其背景有对称整齐的树影，在意大利这种印象是自然而合理的。而日本桃山时代[②]的拉门画里，那弯曲的树形则表现出一种自然的与非合理的统一。两者都是从

---

① 西罗科风（Sirocco），欧洲南部从利比亚沙漠吹来的焚风。

② 指16世纪后叶，丰臣秀吉掌权的时代（1582—1598年）。因其城郭所在地为桃山，故名。

自然中的实际体验中创作出来的，但表现出的形象却不同。这种区别归根结底就是风的强弱问题：暴风少的地方，树的形状偏于合理。也就是说自然不去施展淫威的地方，其本身就会以合理的形式来表现自己。

风调雨顺的自然必然联系到合理的自然。人们容易从自然中找出规律，按其规律来对付自然，自然也就愈发顺应人类。这又促使人更进一步地去探讨自然的法则。这样一来，我们就很容易理解欧洲的自然科学正是出自其牧场式的风土之中的。

（六）

我们从夏季的干燥了解到牧场式的风土特征，湿润与暑热的隔绝呈现出明朗、顺从、合理的自然形态。意大利就是其代表，特别是在亚平宁山脉以南的旧意大利，这一特征更为显著。这里是现代欧洲真正的“发祥地”，是“欧洲模式”形成的摇篮。自然在此被征服化作美丽的牧场，然后北欧的原野也同样砍伐森林开垦为牧场。换言之，这里发展起来的拉丁语浸透到了欧洲的每个角落，这里制定的罗马法成了欧洲各国法律的准则。

但是，这种欧洲的“发祥地”本身又是在希腊的教育下得以形成的。我们只要看看意大利半岛的情况就会明白，旧意大利本是希腊的殖民地。希腊人凭着莫测的直觉，寻找带有希腊气息的土地去移民，他们兴建的城镇最终助长和推动了罗马人的发展。也正是因为希腊人在地中海沿岸到处寻找希腊式的风土，才使这一风土更为夺目、突出。所以，我们要上溯牧场式风土的根源，必须到希腊去寻求答案。那么，希腊的风土又是什么样的呢？

希腊半岛——特别是古代文化荟萃的爱琴海沿岸，由于其地
形的特殊，西面是山脉的屏障，南面又被细长的火山岛隔开，所以
比意大利还要干燥得厉害，雨量也只有意大利的一半，空气则比
94 意大利更为清澈。甚至在多雨的冬天也是“碧蓝的天空，灿烂的
太阳”，这就是希腊自然的特征。人们常常用“白昼”一词来概括、
说明希腊没有阴雨天。因为空气中不含湿气才会这么明朗，所以
云彩、山峰、土地、岩石的色调真是鲜艳明快，不染一丝浑浊，清
晰可见。湖色“澄澈”，原野的绿茵也全无浊气。在这一点上，连
以明朗著称的意大利也望尘莫及。

拿阿蒂卡地区来说，空气的爽快和干燥通过以下数据可知一
斑。一年有 179 天晴天，156 天半晴，阴天只有 29 天。如果照通
常的意思来用晴天一词的话，那么一年就有 300 天是晴天，阴沉
沉的日子只有 10 天左右。这与北欧形成天壤之别，那里冬季的半
年几乎都是阴天，《奥德赛》里描绘的冥府与英国的冬景十分相
似。这当然绝非偶然，希腊人走出直布罗陀海峡，漂流到英国的
话，真会感到那里的阴郁近似死灵之国。希腊的阴天多集中在冬
天的雨季，据安倍能成[①]的记录，他雨季游访希腊，逗留了两周，
晴天 7 日、半晴 3 日、阴天 3 日、雨天 1 日。而且在三天阴日里，
有一天眺望清晨的大海，“潮水澄澈极了”；另有一天“饭后月亮
95 出来了”；剩下的一天下午下起雨来，不得不去咖啡店躲雨，至傍
晚才晴，只有当天晚上到翌日一直下着小雨。阴天里有两天刮着

① 安倍能成（1883—1966年），教育家、哲学家，曾任文部大臣、学习院院长等。著有《西洋古代中世哲学史》《西洋近世哲学史》等。

呼呼的大风，恐怕就是西罗科风。这是希腊最为阴郁的季节，但对我们来说，比最爽朗的时节还要晴朗得多。

这里晴天的持续并不显得单调。四季变化显著。从 3 月阳春一直到 6 月，再从 6 月到 9 月中旬的炎夏，通常是一滴雨也不下的。除了西罗科风卷着撒哈拉沙漠的尘埃吹来外，其他日子总是晴空碧蓝、烈日高照、大地干涸、草枯泉竭。到了 9 月，一场骤雨沁人心脾，金秋伊始草木才再次返青。从 11 月到来年 3 月，南风携来湿润的冬雨，牧场的草、地里的麦苗生机勃勃，说是冬天，要比日本暖和多了，倒近似日本的春天。风和日丽的日子里间或有几天濡湿的寒日。逢上西罗科风的日子，冬天便被吹得无踪无影了。

这就是希腊的气候，炎夏的干枯不适于树木的生长，而草枯尚能复生。那些突兀、重叠的群山常用“巍峨”“峻峭”等词来形
容，多是怪石嶙峋的岩山。除了地里长的橄榄树外，时而可见松 96
树、柳树和扁柏等，其中最醒目的还是冬草。据说现在三分之一的土地为牧场，古代更甚，约四分之三的土地用作牧场，或只能作牧场用。田地面积较牧场要少得多，小麦、葡萄、橄榄、无花果等合在一起也只及牧场的一半。这里的小麦产量低，不足以供给国内的需求。农业劳动以畜牧业和果园为主，这样可以少受气候的影响，只凭着定期循环而来的雨季便可确保一定量的农作物收获，当然谈不上多么富饶。

这也意味着牧场式的风土制约着生活必需品的生产。由于自然施惠于人的并不丰盛，所以没有必要屈从自然、坐等乞食；同时，自然也不去危害人的生活，故也不必摆出一副与自然做斗争的架势。自然一旦置于人力之下，只要适当照看，总是驯顺于人的。这样便使得农业生产可以按照牧场形式来做。

但是，自然的驯服又使人们去按牧场方式来享受之。人们可以赤身裸体地在柔嫩的草坪上嬉要，敞开胸怀沐浴自然的恩泽，心情舒畅，却并不感到什么危险。所以，在从自然中保护身体这点上，希腊式的衣着是最不用费心的，而且希腊人赤膊参加竞技，裸体雕刻造型之多也与此相关。由牧场式的享受转化为牧场式的创作，也就是说不仅日常生活的必需品，连文化艺术也要受其风
97 土的影响。

这种牧歌式的文化起源于希腊，又特别受希腊风土的制约。如前所述，希腊的风土特征是明朗无阴的“白昼”，所有的一切都显露无遗。一般潮湿的空气中，晴天里也有浓淡阴影，总感到有什么东西在“覆盖”着。而希腊的晴朗是没有任何遮蔽的明快，自然没有那种追求“看不见的”“神秘的”“非合理的”倾向。当然，希腊也有夜晚，也不能忽视崇拜德墨特尔[①]中所表现的阴暗的一面。但从世界意义上来说，希腊的特性就是明朗的白昼。希腊人在与其风土的同化之中提高自己，他们本来也受到自然界的种种“不合理”的威胁，从自然中乞求恩泽。然而，当明朗的自然成分输入到他们的体魄中时，他们便从这种毫不隐饰的自然中学会了“观察”。自然把一切都袒露出来，从不遮掩，而相互毫不掩饰才会成为最好的朋友。人与自然和睦相处，由此构成了完全协调

① 德墨特尔（Demeter），希腊神话中的谷物女神，她女儿为冥王所劫，每年只得团聚一次，此时冬去春回，谷物繁茂。

的关系。这样便产生出希腊的特征：一方面从自然中寻找出合理的规律，一方面融汇于自然之中。所以，只有在希腊风土作为希腊精神的特征表现出来时，希腊文化才能生根发芽。 98

当然，我们不是说脱离了人之存在的、仅成为对象的风土，会对不带风土特征的精神施以上述影响。风土在主体上的作用是作为人之存在的契机，而这种种契机时而显昭，时而沉积。同样，风土的契机也是有时发挥作用，有时功能减弱。当一种文化达到了独具特色之时，风土的契机也特别活跃并引人注目。所以，我们说现在的希腊缺乏古希腊的那种白昼感，就等于是说现代的希腊没有古希腊的文化一般。它反驳不了希腊文化具有显著的风土特征这一点，问题在于风土的契机在何时，以何种方式活跃，要了解这点，我们必须将目光转向希腊人最初形成的时期上。

（七）

希腊的自然顺从、明快，而且合理。但起初并没有表现出希腊的“白昼”、希腊的合理性。这种风土特征化作希腊精神是在人们自觉认识到要去支配顺从的自然，并作为自然的支配者开始形成独自的生活方式之后。这种自觉常被称作是人类从自然的禁锢中得到的解放。但在自然环境严峻的地方，人的解放就不可能以这种方式实现。只有在风调雨顺的自然中，人们早在原始时代已控制之并使之隶属于人时，才能产生这种自觉。所以，希腊自然的调和是自然的人格化，也是人本主义立场的开端。因此，从自然中得到解放就是在与自然做斗争中的解放，也就是**人的活动**的极致。由竞争、权力欲或娱乐引起的人与人的摩擦，或者人的创造力的发挥——即由知识欲导致的理性的发展和创作欲带动的艺术创新，这些都是新的立场引起的新形势。而这种自觉是怎样产生的呢？

早在纪元前两千多年，讲希腊语的民族由北方进入到了这片
99 土地，但一直到纪元前一千二三百年，主导爱琴海文化的并不是这支民族。他们的迁徙是长期的、部落性的，而并非民族集团的大移动。他们一边游牧一边逐渐来到半岛上，在一块土地扎下根后便开始掌握农业和果树栽培技术。这种农牧民式的部落生活持续了几个世纪，据默里[①]和哈里森说，那时部族宗教还处于图腾崇拜阶段，而我们现在所认识的希腊民族是形成城堡社会、擅长艺术创作的民族，并非那种部落民。所以，讲希腊语的民族进到希腊半岛来，仅此还不能说是希腊民族的成立。直到始于纪元前 14
100 世纪后的大迁移时代才是其真正意义上的成立。

这些民族在风调雨顺的自然中过着和平的农牧生活，为何非要渡海移居到小亚细亚的沿海一带呢？贝洛赫[②]认为原因有二：一是人口增多，二是希腊的土地并不富饶。现在已无法证明那个时代的人口是否增加过，如果是的话，首先就会引起部族间的争斗。土地就算不肥沃，却也不是那种荒凉到非要致力于与自然做斗争的那种地步。然而，粮食不足就得掠夺其他部族的

---

① 吉尔伯特·默里（Murray George Gilbert Aimé，1866—1957年），英国古典学家。曾任牛津大学、哈佛大学教授和大英博物馆管理官等。希腊戏剧的权威，并从事校订和翻译工作。

② 尤里乌斯·贝洛赫（Karl Julius Béloch，1854—1929年），德国古代史学家，曾在罗马各大学任教，代表作《古代人口史》（1886年）是人口研究的名著，学术价值极高。

畜牧，这种争夺愈演愈烈，便会出现农牧民涌向大海、背井离乡的场面。当大海成为生活的舞台时，原始的农牧民才开始重新构筑自己。有人说爱琴海才是希腊的中心就是基于这一情况而言的。

按照默里和维拉莫维茨[①]的想象，当时渡海移居是出于某种事态所迫，男人们不得不舍下妻儿、家畜，浮舟摇橹，远走他乡。但这并非集团性迁徙，只是部族共同体的“一伙人”漂洋过海。而且，这些“一伙人”为局势所迫，摇身一变就成为“海盗”。他们靠袭击小岛、海湾来维持生存。在陆地上，即便为粮食而争斗，101
也还不是仅靠掠夺而生。但一旦出海漂流，生存的基础就只有掠夺。所以整个生活充满战斗气息，走向大海就意味着从农牧民转向战士。可那些“一伙人”自己并没有想投入什么激烈的战斗，他们与其他部族或其他种族的游兵散勇携手结伙，共同袭击富饶的岛屿或沿海地带。打胜了就占领其土地，掠夺家畜和妇女归为己有。于是便开始混血，不同部落的祭礼被混为一同，旧的传统也被一扫而光。新的生活与过去的农牧生活大相径庭。以往他们的家庭是由妇女支撑，她们常常为牡牛被供为牺牲品而失声痛哭。可现在他们凭借武力掠取新的土地，将这些语言不同、祭礼相异的女人，而且是被他们杀掉丈夫或父亲的女人作为妻子。那么，等于他们每天都伴随着危险，因为妻女们总想着为被杀害的

① 维拉莫维茨（Wilamowitz-Moellendorff，1848—1931年），德国古典学家，生于波兰，曾任柏林大学教授。在希腊学方面有很大成就，并完成了希腊悲剧的翻译工作。他将哲学、宗教、文学、国家等都视为文化的表现形式。

丈夫和父亲报仇；过去他们是自己放牧，以此为生，现在他们凭武力使当地人屈服并为他们所劳役，自己只坐享其成。所以，他们新的生活是如何养精蓄锐、保护自己，也就是开始了勇士的生活，制作武器、训兵练武成了他们的中心任务。

在农牧民转成武装集团的同时，希腊的“城邦”也才初步形
102 成。不同部落、不同祭礼的年轻人成群结伙去战斗、去掠夺，这时候对他们来说，部族、祭礼的差别不在话下，共同对敌才是其最重要的任务。他们每占领一块土地，都选要塞重地筑起围墙，防御敌人。那里面，人们放弃亘古以来的传统，开始了新的生活。这就是城邦生活和新的城邦礼仪。所以，城邦的最初形成是在海上移民聚集的小亚细亚一带，并由此发展开来。

可以说“城邦”建立之时便是希腊开国之始。它标志着人们从农牧生活转向勇士生活。向大海进军是其形成的媒介，渡海便意味着离开土地、脱离农牧生活，也就是将自己从自然的束缚中解放出来。它具有双重意义：人们不仅放弃从自然中获取物质的生活走向自由的海洋，而且超越那种只生产衣食住必需品的生活，向着高出生活本身的形式迈进。最初也许是因粮食不足而迫使农牧民出海，但它只是这一行动的机缘，不足以说明其意义。为了获得粮食，人们去冒险、去征服、崇尚权力。久而久之，这种冒险、征服和权力欲开始支配整个生活，比粮食本身更具有重大的意义。为猎取禽兽而战，并不值得付出生命，因为禽兽并不那么高贵。而豁出性命所获得的征服感，或由此而成的权力才是崇
103 高的。这一态度与实际的、会算计的态度截然不同，尽管那是豁

出命的事，却又近似战争游戏。《伊利亚特》[①]中描写的战争场面便是极好的例证，由此我们可以看出希腊人性格中的那种善于竞争的精神。

尼采说过，竞争精神就是认可斗争的精神。据赫西俄德[②]所咏，世上有两个女神相争：一位崇尚战争，好斗、性格残忍，人们都不喜欢她，却为形势所迫又不得不屈服之；另一女神堪称尽善尽美，宙斯将她置于大地的根基。因为有了她，笨人也努力工作，穷人为奔富也照常播种、植树、安家。邻人竞相争取幸福，制瓶的工匠、木匠、歌手之间都会引起一种嫉恨。赫西俄德称这种引起竞争、嫉恨的女神为善神。残酷的战争当然被斥为纯粹的破坏，而竞争则促使人们从事更高级的创造。由争斗引发创造，这就是竞争精神。对希腊人来说，只要是刺激个人向上的努力，嫉妒也并非恶德。名誉心也如此，他们不甘与人等同，总是努力要超出别人。所以，人越伟大，气宇越轩昂，随之而起的名誉心也越甚，也就更努力，这就是希腊天才辈出的原因，同时也是人们普遍讨 104
厌专制独裁的原因。在驱逐埃莫赫内斯时，以弗所[③]人说过：我们之间任何人都不得成为最高统领，如果有人爬上了最高宝座，那

① 《伊利亚特》（*Ilias*），希腊最古的史诗，相传为荷马所作。与《奥德赛》并称为希腊文学中最辉煌的代表。以勇将阿契里斯为中心，描写了特洛伊攻防战的第十年里二十多天的事。

② 赫西俄德（Hesiodos），约公元前8世纪的古希腊诗人，稍后于荷马。有长诗《神谱》（一说不是他的作品），叙述希腊诸神的世系与斗争。

③ 以弗所（Ephesos），小亚细亚西岸的古希腊殖民城市。约公元前11世纪爱奥尼亚人移殖于此，后建立该城。公元前6世纪为吕底亚王国境内的工商业中心，尔后迭经占领，中世纪衰落，渐化为废墟。

他必须离开到其他地方去。也就是说，最高统领的固定就是否定竞争，它会干涸城邦生活中永恒的源泉。任何天才也不能独自统治天下，一旦出现一个天才，便马上期冀下一个天才的出现。如果失去这种竞争精神，最后剩下的只是憎恶的残忍和破坏的喜悦吧。

希腊人的创造就是凭着这种竞争精神，这一精神是以农牧生活的解脱、使用奴隶从事生产为前提的。正是因为有自然的驯顺，又有整治自然的、奴隶般顺从的人，才能使少数勇士去竞争。换言之，希腊市民的生活才得以保障。自然严酷之地，游牧民决不会甘心忍受他民族的统治。以色列人尽管长期处于奴役般的境地，但最终也没有被奴化。而希腊的奴隶则如同牲畜一样被当作“活的工具”，所以反过来也可以说“牡牛就是穷人的奴隶”。构成奴隶生活的是劳动、惩罚和食物，从原理上看与耕牛没有什么两样。希腊城邦的形成在另一方面就是彻头彻尾地增殖奴隶，这也正意味着少数城邦人——即希腊市民——得以从农牧生活中解放
105 出来。

因此我们可以说，牧场正是通过自身的否定，使得人的创造活动更为发展。绿茵茵的牧场、驯顺的自然一方面创造出生存竞争的场所，另一方面又使人回归自然，在此分化成两种人：过着神仙般生活的市民和过着牲畜般日子的奴隶。这种彻底的分化除了古代地中海地区以外，恐怕世界上任何地方也没有发生过。也许只有近代北非的黑奴现象与之相似，但黑人奴隶也只是欧洲人依据古希腊的奴隶制度如法炮制出来的。在自然的威力和惠赐凌驾于人之处，是不会把人分化得这么彻底，而只有这种彻底的分

化才能创造出希腊那绚丽多彩的文化。当然也不能忘记所谓与自然的协调、人本主义立场的确定都是只对役使奴隶的少数希腊市民而言的。据博克[①]说，当时雅典最繁华时有50万人口，而所谓市民只有21000人。将如此众多的奴隶驯养成家畜一般正是希腊城邦的特殊意义之所在。

（八）

希腊人就是这样将自己塑造成名副其实的市民。所以，希腊
人的出现离不开希腊的风土。也可以说，随着希腊人的逐步形成， 106
希腊的风土也开始呈现出独自的特色。希腊城邦的建成，导致了奴隶制，也使希腊市民从衣食住等日常劳动中解脱出来。因此，市民们可以站在“旁观”“眺望”的立场与劳动保持一定的距离。在他们成为市民伊始就充溢着竞争精神，所以“旁观”并不是活动的停止，而是一种竞相观察的立场，于此必然兴起旺盛的艺术创作及知识创新。

我曾经听说过有关津田青枫[②]画伯的故事，他教人初学素描时，指着石膏头像说：诸位要是以为该这样画那样画就大错特错了，要看，要观察，在观察中发现许多东西。有时连你自己都会惊

① 博克（August Böckh，1785—1867年），德国古典学者，曾任柏林大学教授。主要著作有《雅典国家经济》和《文献学总览及其方法论》等。

② 津田青枫（1880—1978年），画家。生于京都，曾留学巴黎。他曾对左翼运动感到共鸣，并由西洋画转向日本画，与夏目漱石、河上肇交往甚密。著有《老画家的一生》。

讶不断有新的发现：啊，这儿有块那么微妙的阴影。你只要观察入微，就会自动出笔——此句所含之意恐怕比画家自己意识到的更为重大。“观察”并非只反映已有的东西，而是不断发现新的东西。因此，观察与创作密切相关，但为此必须首先**纯粹站在观察的立场上**。如果只是**作为手段**来观察的话，就不会超出其目的所限的范围。要使观察不断深入，必须不拘泥于手段，以自我目标为前提。希腊市民竞相观察正是基于这一立场。

这样，希腊的风土便迎来了发挥其无穷意义的良机。希腊人
107 目睹的是那种明快而毫无阴翳的自然，所有物体之“形状”都鲜明清晰，显而易见。这种观察在相互竞争中得以无限发展。当然我们不是说自然作为对象可以无限细微地观察下去，而实际上只能是观察的主体在其观察过程中自我发展。所以，观察明朗的自然，就是直接发展了明朗的主体存在，而它又作为明朗的“形式”表现为雕刻、建筑或思想、理念。

从这一观点来看，我们在某种意义上可以理解决定欧洲命运的这一文化特征。希腊人注重观察事物，但并非放弃了所有劳动。他们反而在这一立场上开拓了新的职业，开始生产纯粹人工的东西。农牧活儿与其说是给自然施以人工，毋宁说是顺应自然的生产。而观察“形式”的希腊人开始在自然这块素材上做留下其烙印的工作。工艺品的制作成了希腊人的劳动，武器、金属制品、纺织品、杯瓶等的制作早在纪元前 7 世纪左右就在爱奥尼亚各地蓬勃兴起，并推广到阿蒂卡和阿尔戈利斯地区。这恐怕是因为地中海沿岸已遍布希腊人的势力，新的殖民地的需求不断高涨。但更为重要的理由是已经发展到对人工造型用的材料，即非生物的支

配：优质的陶土、铜矿和铁矿不断为有识者发现和开采；海里还 108
有紫贝作为贵重的染料材料；牧场也源源不断地生产出羊毛。如何将这些素材加工成艺术及意念形式已成为希腊人的关心所在。观察“形式”的希腊人从事这种素材加工的活动最单纯地反映在杯瓶的制作上。其生产量之大，只要看看在意大利发掘出的数量惊人的希腊瓶便可见一斑。其次是金属制品，冶金技术最先在爱奥尼亚各岛兴起，在纪元前6世纪才将锻铁和铸铜技术传入希腊本土。染织业也是以米勒特斯为中心发展起来的，这里的印染品在纪元前6世纪已经垄断了意大利市场。这种制造业在竞争的精神鼓动下开始在所有城市蓬勃兴起，市民转为手工业者，将其技术代代相传。一直到古代后期，几乎所有的雕塑家都是出自这种手工业家庭，甚至连苏格拉底[①]也不例外。但尽管这样还是人手不足，供不应求。于是又靠使用奴隶和输入外国劳力来发展这些工艺制作。当然随之而起的是海外贸易的兴隆，这样一来，城邦生活愈发以人工的、技术性工作为主，并由此而垄断了整个地中海地区。这一生活模式特别作为“西洋式的”成为决定欧洲命运的有力杠杆。

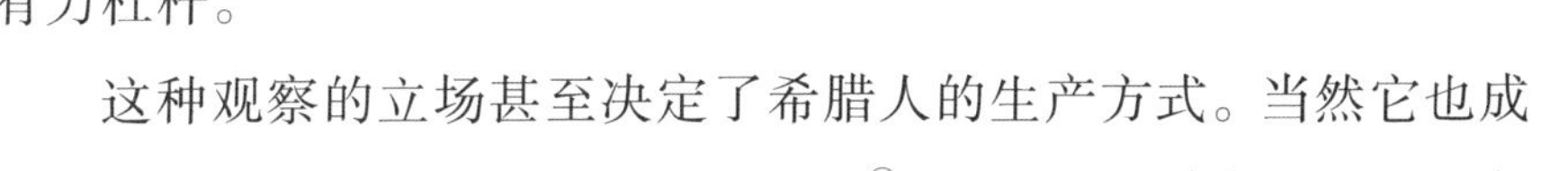

这种观察的立场甚至决定了希腊人的生产方式。当然它也成 109
为客观描述的学问特征。亚里士多德[②]说，人本是求知的，可以举

---

① 苏格拉底（Sokrates，公元前469—前399年），古希腊唯心主义哲学家。据说父为石匠，母为产婆。他认为哲学的目的不在于认识自然，而在于“认识自己”。

② 亚里士多德（Aristoteles，公元前384—前322年），古希腊哲学家、科学家，柏拉图的学生。主要著作有《工具论》《形而上学》《物理学》《伦理学》《政治学》等。

喜好感受为证。感受不光是于某一目的有益，而且为其自身所悦，特别为视觉所悦。不仅是为从事某一行为而看，即便不去考虑任何行为时，“观察”本身也是最为可贵的。因为“观察”比其他所有感受都优越，它认识事物、分辨是非。亚里士多德的这些话直截了当地说明了“观察”和“认识”在实践中的重要性。连喜好感觉的希腊人都是拿“观察”来充实感受的欲望。不仅如此，他在阐述从观察发展到学问的过程时，赋予上述的“技术”以重大的意义。技术已经是真正的知识，它是通过经验所得的一种普遍认识，已清楚原因的所在。学问只不过是技术的提炼，当从个人意识出发来考虑学问时，这种对技术的重视自然被排除在考察之外。但对希腊人来说这是本质性的东西。它也意味着技术是**观察的深入和发展**，而不是出自实用角度。所以，亚里士多德才那么说。人们赞叹那些最先发明超越一般认识的技术人士，不仅是因为发明有用，而且也认为发明家比其他人更聪明、更优秀。以后发明的许多技术，有的是为生活所迫，有的是从中感到生命的意
110 义。后者由于并没指望其知识有用，所以总被认为较前者更为聪明。最后，当人们开始有闲暇时，才会发现那种不为生存所需或生命所悦的学问。这一见解更进一步发展了技术中观察的作用，也可以说达到了纯粹观察的境地，即 theōria（精神上的观察）。这种 theōria 的境界在沙漠地带和季风地带是决不会产生的。

观察得越深入，才可于观察对象中获得某种真髓。希腊的自然透彻明快、敞亮无遮、规则整齐，这便是观察到的内容。自然坦露出一切，且规整有序，这种想法支配着自然哲学家，同时也成为推动艺术家的动力。希腊雕刻最显著的特征在于其表面并不含有

什么内在的因素，其内涵显露无遗地表现在表面上。也可以说这种表面不是横向展开，而是朝着观察者方向纵向凸出的。表面的每个部分、每个点都成为内在生命表露的粒子。我们看到的尽管是表面，却不感到只是单纯的表面，透过外表能看到其内面。雕塑家们就是凭着微妙的凿法来实现这一点的。例如，巴台农神殿的中楣浮雕上衣纹凿刻的痕迹历历可见，雕刻凹面也绝非平滑，但却能将柔软的毛织品的质感表现得淋漓尽致。肌肤部分虽未留下粗糙的凿痕，但那斑斑点点仍然鲜明地保持着一种雕凿之感，而绝非横向的平滑面。它将有血有肉的肌肤之感表达得活灵活现，与毛纺织品的质感完全不同。这种面的微妙变化在罗马时代的模仿品中几乎难以觅见。那里只是由平滑的横面构成，外表与内涵相脱节，造型本身也没能达到通过外表表现内在精神的高度。所以，这些模仿品给人以空虚、渺茫之感。而这种空虚的模仿品得以传世的一个显著特征是人体“比例”的精确。希腊的雕刻早在菲迪亚斯[①]以前就与毕达哥拉斯[②]学派的数学理论密切结合，比例对雕塑家来说关系重大。通过艺术家的观察又使自然的规律、秩序得以发展。这里面便有希腊艺术的合理性，而这种在技术上把握的合理性又导致了数学的发展。因此在希腊，不是几何学知识将艺术引导到规则的几何形状中去的，而是在几何学成立之前已经

① 菲迪亚斯（Phidas，约公元前490—前432年），古希腊雕刻家。雅典人。擅长神像雕刻。据说巴台农神殿的装饰雕刻是在他领导和监督下完成的。其主要部分藏于伦敦不列颠博物馆。

② 毕达哥拉斯（Pythagoras，约公元前580—前500年），古希腊数学家、唯心主义哲学家。在西方首次提出勾股定理，以及对奇数、偶数和质数的区别方法。故也称其学派为“勾股学派”。

有艺术家找出了几何学上的比例关系。

在自然难以预测、极不规律的地方，这种合理性是不易发现
112 的，因为不光是植物及山野的形状没有规律，人体比例也表现不出均等。所以，艺术家不可能像希腊人那样在规则的形状和比例中追求作品的统一。取而代之的是所谓“气韵”的统一。这是无法预测的、不合理的、靠“运气”支配的统一，因而难以从中找出规律来。而靠气韵施展的技术之所以未能发展成学术，其原因也正在于此。

我们认为艺术及学术上的合理性是希腊左右欧洲命运的又一重大契机。它是由希腊人对人工的、技术的崇尚所导致的。但这种倾向并非在任何地方都能产生出合理性来，只有在希腊的风土条件下才有可能。我们并不认为希腊学术和艺术之优越是源于其合理性，反倒应视作出自表里如一的明朗的表现性上。但这种杰出的学术及艺术的诞生是伴随着合理性的，通过这一事实又使合理性加深其自身的发展。前面我们提到过，罗马的模仿品没有继承原作艺术上的优点，而只继承了其合理性。这一点不光是对艺术，一般的文化也如此。罗马人的最大功绩是法律治理下的生活合理化。也就是希腊的合理性通过罗马人左右着欧洲的命运。

（九）

希腊人最初完成自我形象的塑造时，同时也创建了无数座城
113 邦，而罗马人最初确立下自己的形象时，只创立了罗马这唯一的城市。这种区别意味着什么呢？

当罗马顶住汉尼拔[1]的远征并战胜迦太基[2]时，便打通了其称霸世界的道路。所以，贝洛赫说，汉尼拔之战堪称古代史上具有决定意义的转折点。但这一转折在世界是走向腓尼基化还是拉丁化的意义上并不重要。即便汉尼拔大获全胜，也不会产生闪米特人的迦太基所统治的世界。因为迦太基是靠异邦人的佣兵打仗。这场持续了近半个世纪的战争，初期罗马人打得很惨，并不是因为罗马士兵不善战，而是因为不懂用兵之术的政治家在轮番指挥。汉尼拔攻进来后，其胜利的重要原因也是归于罗马军司令官的无能。比如像弗拉米纽斯和瓦罗之流，只不过是长于言辞诡辩的政治家。与之相反，进攻意大利的汉尼拔军，在其佣兵的组织方式、骑兵的训练方法以及战略上都高出一筹，轻而易举地攻破了罗马军。但是，战术再高超，佣兵到底是佣兵，他们没有气魄一

鼓作气攻下罗马。所以迦太基的败因最终还是归结于佣兵。那么， 114

为什么非得使用佣兵呢？一是因为人口少，二是因为腓尼基人本质上属于商人。汉尼拔之所以能从西班牙带出优良的军队，也是因为西班牙的土著人好战，以及该地丰富的银矿为迦太基所占

---

① 汉尼拔（Hannibal，约公元前247—前183年），迦太基统帅。少时随父去西班牙，立誓向罗马“复仇”。公元前218年，率六万军队远征意大利，两次大败罗马军。长期转战意大利各地，军力耗竭，后援不继。当罗马军攻打迦大基本土时，奉召回军解围。扎马战役失败后，逃往叙利亚。后自杀于俾提尼亚。

② 迦太基（Carthago），非洲北部（今突尼斯）的奴隶制国家。约公元前814年由腓尼基城邦推罗的移民所建。公元前7世纪—前4世纪发展成为西地中海的强国。与希腊人的海上势力相抗衡。公元前3世纪开始与罗马争夺地中海西部的霸权，从而导致三次布匿战争（公元前264—前146年）。后失败，沦为罗马一行省（阿非利加省）。公元439年其故地为汪达尔人占领。公元6—7世纪附属于东罗马帝国和阿拉伯帝国。

有。所以，即便汉尼拔取胜、迦太基控制了地中海，也不会像罗马人那样着手于政治上的统治。那样的话，希腊人依然运营着自己的国家，意大利的埃特鲁斯基也会作为独立国家发展下去。地中海沿岸便成为各个民族各种文化竞相发展的舞台。恐怕也不会出现罗马征服世界后带来的那种文化上的颓废，即便有，也会大大向后推迟许多吧。因为罗马的胜利使罗马人成为地中海的霸主，其后，他们尽其所能将其他领土纳入罗马的版图，由此便阻碍了文化的特殊发展，空洞的普遍性开始盛行于世。

这对欧洲的命运来说是一重大事件。所以，汉尼拔战争实际上是世界史的一个转折点。人们或许会说亚历山大帝国的理念已经显露其端倪。但亚历山大的称霸世界是与希腊精神相悖逆的，
115 比如它遭到狄摩西尼[①]等人的强烈反对。但实际上，希腊人并没能坚持反对下去。亚历山大大帝死后，东边大夏[②]，西边埃及、叙利亚相继独立。希腊文化在各地域发展上终于有了开端。所以说，如果罗马败给了迦太基，地中海沿岸恐怕也不会统一成为一个城堡模式。

话虽这么说，亚历山大大帝和罗马的兴起并非毫无关联。令人费解的是这两者正好同时出现。也就是说，罗马人走出其狭窄

---

① 狄摩西尼（Demosthenes，公元前384—前322年），古代雅典的政治家。反马其顿派的中心，善辩并富号召力，后败给马其顿，自杀。

② 大夏（Bactria），音译巴克特里亚，中亚细亚古国。地处兴都库什山与阿姆河上游之间（今阿富汗北部）。本波斯帝国一行省，后隶属亚历山大帝国及塞琉西王国。公元前3世纪中叶独立，狄奥多德建国，都巴克特拉。

的国土首次与闪米特人发生冲突之时，正是马其顿王国[①]蓬勃兴起之际。当然，那时的罗马已由原始部族发展成拥有 8000 平方公里领土的国家，其间经历了三个世纪以上的岁月，城邦组织亦有很大的变迁。但那只不过是罗马附近的平原和山地小部族之间合并的历史。而只有这时，罗马才向外迈出了第一步。利用其“统一国家”的优势，不久便将领土扩充到那不勒斯湾。于是，拥有 50 万人口、12000 平方公里国土的新兴国家，首次卷入与希腊殖民地的抗争关系中去。此时正值亚历山大东方远征之际。

前面说过，罗马史中特别引起我们注意的是希腊的城邦本是
向多元化发展的，而罗马的城邦最初就具有统一的倾向。它是以 116
台伯河畔的小村落为核心逐步扩建起来的。所以早在公元前 6 世纪末叶，罗马城已经显得狭窄了，附近的山岗和台伯河之间的平地已为房屋所覆盖，为城墙所围。故有“七岗之镇”之称。尔后，随着国家的壮大，罗马城也超出范围不断扩大。如前所述，正当罗马开始向国外扩张之时，克劳狄乌斯[②]将第一条引水渠铺到了罗马。

这里我们要联系到风土的问题。访问罗马的人印象最深刻的是古迹内的“引水渠”。的确，罗马人与水道密不可分。但为什么水道会这么引人注目，原因之一是罗马水道本身就是巨大的人工

---

① 马其顿（Macedonia），巴尔干半岛中部的奴隶制国家。公元前4世纪腓力二世建成统一国家，都城佩拉。公元前338年征服希腊。其子亚历山大在位时大举侵略东方，疆界达到印度河。亚历山大死后国土分裂，公元前2世纪中叶并入罗马版图。

② 克劳狄乌斯（Claudius Appius），公元前5世纪左右的罗马政治家。设置罗马水道，并参与《十二表法》的制定。

建筑。而建造这种大规模水道正是要由人工来打破自然的束缚。罗马因其水道的建成而发展成一座大城市。它同时在城建的初期便已象征性表示罗马人要打破环境的制约创建出一座希腊所没有的巨大城邦。

龟井高孝[①]在希腊旅行后说，希腊城邦的规模或许取决于水
117 的制约。这一洞察令人耳目一新，新颖而有趣。的确，宫殿的遗址里已出现过水道的痕迹。雅典也是引的希梅特斯和奔底利康（Pentelicus）之水。锡韦和墨伽拉都有其遗迹。但希腊人没想建造那种超出水的制约的巨大水渠，反倒认为该由此去限制城邦的规模。亚里士多德从城邦中人事组织的任务分工上便决定了其规模。因为人口密度以市民之间得以相互了解为佳。所以，城邦从本质上看是不该成为大城市的，也就是说没有必要打破水的制约。这种想法必然要认可其他城邦的共存。而罗马人将罗马建成一个国家的同时，便开始打破水的制约，这可以看作是罗马人所发挥的固有的天分，并非从希腊人那里学来的。但也应该考虑到一点：为什么希腊想不到去打破水的制约，而台伯河畔却很容易想到。意大利没有希腊那么干燥，台伯河也比基菲索斯河的流量大得多。所以，从希腊人那里学会了靠人工征服自然的罗马人通过建设人工的水渠来完成希腊人未能达到的愿望，它之所以得以实现也是因为罗马人生活在台伯河畔，而不是基菲索斯河畔的缘故。

这样看来，罗马的水道打破了城邦的范围，即否定了城邦的

① 龟井高孝（1886—1977年），西洋史学家，曾任第一高等学校教授。著有《东罗马帝国史》《西洋史夜话》等。

并存。换言之，它是要求绝对统一的象征。由此我们可以看出罗马是“为统一而努力”，这正好与希腊的“为多元化而努力”相对立。当然，希腊的多元化方向是基于希腊的自然，因为那里的所
有东西都可分化为多种多样的形态。那么，罗马的统一方向也可 118
以说是源自罗马的自然。所有的一切在那里似乎都可归结于同一原理之中。

在此，我们可以推测其中某些类似的特性。同样是希腊人创造的文化，难道意大利创造的就没有**地方特色**吗？哲学上有意大利独特的埃利亚哲学[①]，色诺芬尼[②]便是住在埃利亚或西西里岛的人，他强烈反对多神教，倾向一神教；巴门尼德[③]的“有”显然也是要求绝对统一；芝诺[④]则更是一针见血地指出多元化的矛盾。在文艺作品中，介于叙事诗和戏剧之间有西西里岛独特的“牧歌”形式。它不像叙事诗那样完整地塑造人物形象，也不像戏剧那样充分强调个性的表现，而是将故事融汇于抒情诗的境界中去。这种哲学和文艺特征难道不是来源于意大利的自然吗？西西里岛湿润而美丽，是希腊本土所难以觅见的土地。牧歌产生于此

---

① 埃利亚哲学，前6世纪后叶在意大利半岛南部埃利亚（Elea）发展起来的哲学。认为存在是同一的、永恒不变的。代表人物是巴门尼德和芝诺等。

② 色诺芬尼（Xenophanes，约前565—前473年），古希腊哲学家。反对把神说成和人一样，反对多神之说。认为有一个全视、全知、全听的神，它是无所不在、不动不变的。亚里士多德因此称他为埃利亚学派的一个代表人物。

③ 巴门尼德（Parmendies，约前6世纪—前5世纪中叶），古希腊埃利亚学派唯心主义哲学家。认为“有”或“存在”是单一的、有限的、不变的和不可分的，“存在”和思维是同一的。

④ 芝诺（Zenōn，约前490—前436年），古希腊唯心主义哲学家，巴门尼德的学生。认为所谓存在是“一”而不是“多”，是“静”而不是“动”。

是合情适理的。埃利亚地处海岸，靠近帕斯突姆，那里至今尚留
有希腊的殿堂，东依六千尺高的蒙塔尔托山，南临五十里海外的
西西里岛。在意大利沿海的殖民城市中最靠近北边，除风光秀丽
外，尚有特殊的静谧。存在哲学产生于这里，至少在我看来是理
119 所当然的，特别是这里的自然有适度的湿润，较之希腊又更为富
饶。所以，对在此谋生的人来说，自然更为顺从，而它又给文艺和
哲学赋予一片静谧。

这意味着意大利的风土要比希腊更为合理，它与希腊不同，
原本为森林所覆盖。而当它被开垦为田地、果园和牧场时，人工
的支配便得以有效地施展。因此可以说在合理支配自然方面，意
大利要强于希腊。它使罗马人持有一种倾向：无止境地推广人工
支配。希腊文化虽然早在公元前 8 世纪就根植于意大利，并渗透
到其生活的每个角落，可在这漫长的岁月里，罗马人从希腊人那
里学到的不是其**表现性**，而是其**合理性**和**人工的喜悦**。宗教、艺
术、哲学、语言、文字等，凡是这些活的表达，罗马人只是单纯
作为希腊的产物来接受，并没赋予自身独自的表现。而在以合理
性来征服自然和人这方面上，他们的所作所为是希腊人未所能
及的。罗马的宏伟建筑，在其造型表达上几乎不足一论，但在其
显示人工之威力上，要远远超过希腊。薄如瓦片的砖块用丰富的
天然砂浆砌成两三米厚的墙壁，这对只注重石头造型的希腊人来
说，是绝对想不到的。即便是在罗马人征服希腊将其丰富多彩的
雕刻占为己有时，他们也只从中发现了合理的人工的喜悦，而未
120 能感受到其丰富细腻的表达。当这种合理的人工的喜悦表现在人
类社会时，便化作罗马人对世界史的贡献：罗马法的诞生。

这样看来，罗马人倾向于统一亦可从意大利的风土中得到解释。Civitas Romana（罗马城市）正是意大利的产物，而并非希腊的城邦。于是这种罗马的“统一”随后便以天主教的形式，也就是作为统一而又具普遍性的教会，千百年来支配和垄断了欧洲。

（十）

在罗马的教化下，中欧、西欧逐步开化，欧洲文化的中心也渐渐向北迁移。近代，特别是文艺复兴以后，地中海沿岸反倒成了故地旧址，文化的普及显然伴随着土地的转移。对于这种古代与近代的不同文化，我们也可以从另外的角度，即南欧与北欧的风土差异上来分析之。这种差异是什么呢？

伯克将古代和近代的文化特征相互对照成以下七个范畴：

古代	**近代**
自然的支配	精神的支配
束缚	自由
个性	普遍性
多元化	统一
物质论	观念论
注重外在	偏重内在
客观	主观

这种对照在细节上会有种种不同的看法，特别是比较一下古典式样和巴洛克式样的建筑，会看出其间的不少相近之处，也就是同一时代的文化内部可以有两种类型并存。希腊文化与罗马文化相比较，也有不少成分可以照上述范畴来理解。但是，如果

罗马精神与其法律思想一道濡染西欧的话，这种类似便是理所当然的。而且，意大利文艺复兴期间的古典式样实际上是希腊精神的复活，从这种意义上看，上述的亲近感也不无道理。一般而论，意大利的文艺复兴与其说是振兴罗马文化，莫如说是复活希腊精神。罗马帝国的理念早已转移到阿尔卑斯以北去了。中世纪末期在意大利新兴的几座城市，与 Civitas Romana 毫无相似之处，反倒像希腊的城邦式国家，而且这些城市之间竞争激烈，与希腊相
122 差无几。各城市的政治家、艺术家也和希腊人一样为强烈的名誉心所鼓动，所创作的美术作品也与希腊相同，充分显露出艺术性和合理性的趋向。所以，能套入近代范畴的是巴洛克式样产生以后，而这个时候意大利各城市的繁荣已被大西洋沿岸的各城市所代替。因此，在比较古代希腊和近代西欧这一意义上，伯克所设的范畴可以说是基本上抓住了要害。

然而，伯克的这一范畴在我们看来，正好是地中海沿岸与大西洋沿岸形成的鲜明对比，我们也可统称之为希腊的明朗对西欧的阴郁。但这种区别只是牧场型风土中的地方差异，西欧的阴郁是牧场型风土中的阴郁，而并非草原的阴郁。所以，我们在理解这种阴郁之前，先要回顾一下西欧风土中的牧场特征。

（十一）

前面提到过，在湿润与干燥相融、夏季少雨干旱这点上，西欧与地中海沿岸同样属于牧场型风土，但西欧远不如地中海沿岸那么阳光灿烂，且气温较低，特别是其冬天的寒冷绝非南欧所比。这也能与南欧并称为“驯顺的自然吗”？回答是肯定的。西欧的

自然较之南欧更为驯顺。 123

西欧的冬季气温比日本要低得多，白天通常是摄氏零下六七度，德国冷起来有时达零下十七八度。尽管气温低，但其严寒却并非难以克服。第一，空气中所含的湿气少，纯粹是干冷，没有那种朔风砭骨之感；第二，早晚温差小，身上并不感到骤寒；第三，寒风凛冽的日子不多，所以不是那种咄咄逼人的寒气。如果我们区别“寒”“冷”的话，西欧的冬天是那种冰冷，而不是严寒。那里的空气停滞、冷峭，但冲人而来的不是那种令人畏缩不前、手足无措的严寒。人们只要振作精神，保持一种紧张状态就能耐住寒冷。不仅如此，那种紧张感甚至会变成一种期冀，德国人将冷凝的空气称作 Frische（或许可译为“清凉”），乐于体验那种为之精神一振的感觉。摄氏零下六七度的气温怕是属于这种清凉吧。严冬之际，不烘暖房间就睡下的人也绝非少见。当然，那也是因为房子保暖设备完善，比较容易对付少湿无风的寒冷。人们不必去担忧那难熬的溽热和潮湿，只要以御寒为主盖房即可，也没有
必要注意空气流通以防止潮气侵入。室内空气由干燥厚实的墙壁 124
与外界相隔，除非人为地排除之，否则它总是汇积在室内。所以，冷峭的空气要比湿热容易征服得多。而就连这种保温设备，法国、英国也相当简单，未必要比日本更费薪炭。一句话，西欧的寒冷与其说令人畏缩，倒毋宁说使人活泼，激发出人的自发力量来战胜寒冷，并使自然低头。房屋构造和保暖设施把人们对寒冷的恐惧排除到九霄云外。

这种自然的顺应同时也意味着自然的单调，那里没有我们通常感到的冬天的特征。比如寒风砭骨之后便有阳光沐浴之乐；大

雪纷飞、积雪数尺之后，又有翌日风和日朗、檐下融雪之趣。这是湿气、阳光、寒冷的合奏曲，单凭寒冷是无法奏出的。湿气少的地方，气温降到零下十几度也不会下雪。日光弱的地方，偶有晴日也如同月光，没有暖和的阳光，根本难以融化昨日的大雪。自然变化的稀少也就意味着自然的顺从。所以，西欧冬季的象征可以说尽是些人为的东西：室内、炉旁、剧院、音乐堂、舞厅等。正是冬天调动了人们的积极性。（据龟井教授说，西欧的“机械”发明
125 也可归结于人们室内生活的积极性。不过他进一步认为这种积极性也可以用来抗衡冬天的阴郁。）

酷暑可没这么容易征服，人们不可能像御寒那样人为地防御之，也不能置之不理光埋头于人为的设施。西欧的风土等于说是拿易于抗御的寒冷取代了难以抑制的酷暑。那里虽比南欧寒冷，却没有南欧炎热。意大利的 2 月相当于德国和法国北部的 4、5 月，意大利的 5 月就是它们的盛夏。所以，意大利 5 月麦黄收割，而德国要到 7、8 月才开始收获。意大利的牧草随麦收而消迹，而德国则整个夏季都郁郁葱葱。所以，西欧的夏季只是南欧的晚春初夏。主观上觉得特别炎热的日子，气温也不过二十六七摄氏度。盛夏也可着冬装，实际上这种人还真不少。甚至有见老人身披冬外套，妇女在薄丝衫上围着毛皮。我们也可以穿着称作夏装的衣服走在 11 月的街上。毋庸置疑，这种夏天是极为容易度过的。

但是，夏季自然的顺从正是表现为缺乏湿热的变化。它是驱逐
126 杂草、化欧洲为牧场的根本条件，同时也是冲淡我们心中夏景的主要原因。比如，夏日早晚的清爽、拂去暑气的凉风、炎天下的一场阵雨、蝉鸣、虫声、草露等，在这里都不存在。这不光是说习惯气候

变化的东方人对西欧的夏季感到情趣不足，更令我们惊诧的是这里湿气少、昼夜温差小，早晨去地里可以不为露水打湿裤角，农民傍晚回家时可以将农具留在地里。我们看惯了日本农民扛着锄头从地里归来，洗净泥土收放起来的情景，农民们怎么也想不到可以把农具搁在地里一夜而不生锈。当然，像德国农村那样从家到地里距离较远，省去农具的搬运就意味着减轻不少劳力。同样，听不见虫声，虽然令夏日的夜晚有些寂寞，却也意味着昆虫本来就少，即农作物的害虫少。我曾在柏林近郊的格林瓦尔德和魏玛附近的图林根林山寻找过昆虫，树林里没有什么草丛，最后连一只蚂蚁也没能发现，只看见一些飞蛾朝同一方向飞去。看惯了日本夏天的山里无数昆虫活动的生态，起初简直不敢相信自己的眼睛。在日本人看来，害虫的繁殖对农作物的威胁仅次于洪水、干旱了。所以这里简直可以说是无法比拟的桃源之乡了。

说到洪水、台风，我们再来看看西欧的风和雨。对我们来说，夏天的自然灾害以台风和洪水的袭来达到顶峰；而西欧的夏天，自然却表现得那么风调雨顺。

我们前面多次提到过空气的凝滞，那意味着冬天少寒风夏天少凉风，但较之更具有积极意义的是“凝滞”，它是凝而不动的空气，在日本很难体验到，特别是在空气寒冷或炎热时更是如此。冷空气或温湿的空气笼罩在城市上空毫不流动，如同空气被凝滞或胶着了一般。烟囱冒出的袅袅炊烟一丝不乱地笔直地冲向云霄；飞机过后留下的轨迹也保持原状久久不褪。这种空气的凝滞的确是西欧风土的独特之处。

进而，我们再看一下风量之小的情况，比如德国北部一带比较典型。那里的土地是由不带黏性的沙粒组成，那沙子比小米粒还要细小，却不会被风卷起。我们会感到不可思议，因为看惯了日本的海岸边那风卷沙尘的情景。所以这里沙土中繁茂的松树个
128 个挺拔直立，辽阔的牧场上种植的落叶树也同样笔直。总的说来德国的树木是直挺的，尤其是图林根的山林更为显著，一排排树木笔直挺拔、间距均等、平行整齐。在日本偶有杉树、扁柏林中可见这种情景，比如吉野[①]的杉树林有些类似，因为吉野算是风弱的地方，那里的树木是不受风压而成长的。所以，在这里我们如果偶尔感到有强风吹起的话，那在日本就如同暴风掀倒房屋、连根拔倒树木一般。路德维希[②]在他的《世袭护林官》中有段描写，认为不该间伐林木的理由是担心一旦暴风来临，树木会成片倒下。这也说明此处少有暴风，树木也经不起风吹。树木挺拔直立也是德国风景整然有序的理由之一。法国则没有这么规整，但其北部各地，牧场和田地间的行行杨树也都朝着同一方向倾斜，虽成弧状却也保持平行。这也表明风吹得井然不紊。

不光风如此，雨也下得平和。连夏天的雨也和日本的春雨一般淅淅沥沥，用不着打伞。偶有溅湿裤角的大雨需要用伞时，也
129 只要躲在门檐下避会儿雨就行了。而这雨要是下上半点钟，城里便会水漫路面、浸入地下室，得惊动消防车来排水，其排水设施之少由此亦可见一斑。这雨若连续下上两三次，农村低洼的牧场便会成为水塘了，因为牧场和田间没有任何沟渠用来把水排入江

① 日本奈良县吉野郡，樱花名胜之地，日本南朝的史迹颇多。

② 路德维希·奥托（Ludwig Otto，1813—1865年），德国剧作家、小说家。除悲剧《世袭护林官》外，有小说《天地之间》等。

河。在日本，雨从宽阔的斜面两边向下流注时，通常可见其谷底的小河，而德国一带这种情形几乎少见。有小河流水的往往是较大的峡谷，所以在我们看来，有时著名的河流只是一条小溪，比如流经魏玛的那条有名的伊尔姆河也就跟从代代木流经千驮谷[①]的小河相同。如果河川对国土来说是排水设施的话，那这设施就小得可怜。莱茵河之所以水量充沛是因为它运载着来自“欧洲屋脊”阿尔卑斯山脉的水。尽管如此，也并非大得令人吃惊，连从萨克森到波希米亚那巍巍山脉汇集下的易北河到了柏林南部德绍一带，也是一条没有堤坝、流经牧场的温顺河流。也就是说不管城市也好、整个大地也好，排水设施之简陋正说明雨下得适度、和缓。

实际上坡度平缓的西欧大陆要是下起像日本那种暴雨的话，那排水谈何容易。从柏林到海边约有 200 公里，海拔仅 30 米。德国北部的易北河和奥得河均为运河相连，法国的罗讷河、卢瓦尔 130
河、塞纳河、莱茵河也都由运河相沟通。靠各地运河河堰调节水位，一直从地中海到北海都有水路可行。这种倾斜坦缓的平原既成不了沼泽，又适当地滋润着牧场和田地，本来也就不需要排水，即使偶尔有罕见的大雨也不至于破坏其风土特色。

然而，风调雨顺一般说来就是气象变化不大。它反映为季节变化缓慢、植物生长期漫长。落叶树 4 月初已发芽，却迟迟不见动静，给人的印象似乎不见长。等我们看腻了新芽时已到了 5 月上旬或中旬，这才不知不觉地展现出一派新绿。在我们看来，新绿本不该是这样，它应该每天在变，一夜不见就舒展开来，令人

① 代代木、千驮谷同为东京都涩谷区地名，相距不足两公里。

感到是在被新芽追赶一般，这种印象当然从西欧的新绿中感受不到。夏天，小麦开始泛黄，金黄的麦子从7月底一直到8月末静悄悄、直挺挺地毫不变样。这期间在日本正值水稻猛长抽穗开花之时。

131 植物的这种生长直接体现在农民的生活中。一般认为麦收是一年最忙的时节，可这里却从7月底到8月末足足持续一个月。所以，眺望广阔的麦田，收获季节也难得见到农民收割的身影。这点与日本迥然不同，从收割到插秧农民们简直忙得喘不过气。而这里的人们不为自然所催赶，可以从容待之。

如果仅看自然的这种温顺之处，当然对人来说是最为理想不过的了，但还有土地贫瘠的一面。所以一个人得管大面积的土地。之所以能这样也正说明自然比较温顺。过去，当日耳曼人过着原始共产主义的游牧生活时，那也许是一片为森林覆盖的昏暗而恐怖的大地。但一旦经人开垦，置于人的管理之下，就成了温顺、不辜负人的自然。实际上可以说西欧的土地是被人类彻底征服了的，那广袤的大陆，没有人所未及的角落，连重重深山也植遍树木，道路直达山顶。这当然也因为山坡平缓，可以用马车搬运出山上的每一根木材，所以说，西欧几乎没有不能利用的土地。

日本与之大为不同，到处是人力难以驾御的山地。虽然不是
132 说山地一点儿也不能利用，但只要看看美国的木材居然用在日本的山里，就知道日本的山还没有充分资格作为木材的生产基地，而且山高路险，不便运输。不光如此，日本的山还不易植林，顶多只能供给些柴草，而这种山地占据了日本国土的大部分，所以说

日本的土地大多尚未被利用，日本人仅开发出一小部分国土，精耕细作、生息繁衍。这一小部分也谈不上温顺的自然，稍不留意就想摆脱人的整治。但反过来看却是一片富饶的、取之不尽的沃土，它使日本农民得以总结出世界上最优秀的“技术”。150年前被赫尔德称为世界不毛之地的加利福尼亚，也是日本农民把它改造成现今世界最为肥沃的良田。不过，日本人未能从这种“技术”中汲取对自然的认识，从中诞生的不是“理论”，而是以芭蕉[①]为代表的那种俳句“艺术”。

这样看来，西欧自然的温顺与人类开发自然的“智慧”不可分割。在温顺的自然中比较容易发现规律，而这种规律又进一步使自然更驯服，而在那种突变袭人的自然中很难有这种发现。因此，一方面是努力钻研寻找自然规律；另一方面则是听天由命、动辄灰心断念。这正是合理化精神能否发展壮大的分水岭。

97

但是，仅就此而言，西欧仍是普遍意义的欧洲，而并不具有特殊意义。要想抓住西欧独特的近代思想，我们必须将眼光转向西欧的阴郁上去。

（十二）

西欧的阴郁直接说来就是缺少阳光。冬季的半年尤为显著。原因主要是纬度高、白昼短。12月里的晴天，下午3点多就是傍

① 松尾芭蕉（1644—1694年），日本江户时代诗人。少时曾为武士家中侍从，并随北村季吟（1629—1705年）学习俳句。作品多借景抒情，文笔清淡、独创一格，后世称其风格为“蕉风”，对日本俳坛影响很大。代表作有《奥州小路》等，主要作品收入《芭蕉七部集》。

晚了，且晴天少、阴天持久。我曾于5月走访过伦敦，在那里遇见宫岛清，便说：伦敦的天气蛮不错嘛！他听后气呼呼地说：你不知道为了这好天，我们得忍耐多么漫长、郁悒的冬天！你凑巧赶上5月的晴天，跑到伦敦来说这轻巧话！这里的冬天对日本人来说就是这么难熬。暗云笼罩之日只好整天在灯下读书；美术馆里也只能在幽暗中观摩那画布上隐约浮现的人物；在不开灯的图书馆里，占上个临窗的座位也看不清字，就好像天尚未亮的那种感觉。

134 那么，夏季的半年如何呢？5月风和日丽，的确舒心惬意。但5月里也只有两三天晴天，剩下的一直是冷飕飕的阴天，恰如日本冬天的阴冷一般。就连太阳施威最甚的七八月间，日光也说不上强烈。在德国，夏天的树芽不是呈绿色，而是停留在白色上，土地也不会干涸裂缝。大城市的柏油路上虽然感到几分暑气，但一到农村和山里，就恰如我们5月里散步的心境一样。正是这时，整个西欧最富于充足的阳光，它给熬过阴郁的冬天的人们带来了无上的喜悦。对我们来说，春往夏来意味着草木发芽开花、新绿繁茂，而不是阳光的享受。但对西欧人来说，其意义首先在于再次迎来了阳光。所以我们通常是在冬天晒太阳，而这里则是夏天热衷于此，公园、广场到处都是日光浴的人们。我们稍觉暑热便会避于树荫下行走，而这里的人们只是坐在朝阳的椅子上一动不动地分享着阳光。甚至有时把婴儿放在小推车里一起晒太阳。特别给我留下深刻印象的是柏林的图里普特公园，在纵深两三公里的宽阔草坪上，赤裸着上身的男人像煮饺子一样遍地都是，那情景真是稀罕极了。盛夏炎天下能这么晒干鱼似的，也正是因为日
135 光薄弱，它向我们展示了德国人是如何眷恋阳光、赞美太阳的，

而这也正是西欧欠缺阳光的一种反映。

但是，阳光的欠缺不仅表现在这些方面。从北向南朝着日光充足的方向纵跨欧洲的人，谁都会感到越向南走日光越强烈，人的气质也逐渐趋于兴奋高昂。德国人的沉郁到了南部已减去数分；法国人偏于文静，已不是沉郁了；意大利人则更适合用快活一词来表达。风土的阴郁也就直接表现为人的郁悒，西欧文物区别于希腊的最显著特征就在这点上。斯宾格勒所说的阿波罗精神和浮士德精神之别，正是抓住了两者的要害。在希腊那透澈明朗的阳光下，所有物体呈现为雕塑状，无数个体各显其形。从这种“显象”的世界中很难找到排除了个体的、那种一致的、无限的空间。而在西欧那阴暗的天色下，所有物体都朦胧模糊、轮廓不明，正是这种包容混沌的无限空间，反而需要强烈地表现自我。同时它也是向往无限深邃的一种指标，引起人们内在的强有力的反思，由此而产生强调主观意识和主张精神至上的思潮。因此，相对于古希腊那种静态的、欧几里得几何学、有雕塑感、重礼仪的
一套来说，近代西欧则是跃动感强的、微积分学、音乐感和注重 136
意志的。西欧艺术中最具代表性的是贝多芬的音乐、伦勃朗的画、歌德的诗，这些都最为典型地刻画出无限深邃中的跃动感和浮士德精神。在希腊教育中，音乐虽然也占主导地位，但希腊人更重视歌词的内容，而没去发现与视觉形象无关的、纯粹的音乐世界。彻底排除可视的成分，摆脱语言负担的表象，只凭音声旋律直接表诉心怀，这在明朗的希腊是不可能的，只有在德国的阴郁中才能创造出纯粹的音乐。代表希腊美术的首先是雕刻，它是明朗的希腊的自然结晶。与此相比，代表近代的伦勃朗的绘画可以说是

凝聚了西欧的阴郁，那种幽暗的气氛和暗淡的光线构成的微妙交错，连文艺复兴期间的多少意大利巨匠也未能描绘出，其作品在表达无限深邃的精神世界上堪称世界美术的最高峰。这一伟业也只有通过西欧的阴郁才能达成。委拉斯凯兹在技巧上绝不亚于伦勃朗，但他所描绘的是西班牙的阳光。画家本是通过观察进行创作的，即便是伦勃朗在西班牙的阳光下，也画不出其作品的意境吧。同样，歌德的《浮士德》里描写主人公手持毒杯从昏暗的尖
137 拱建筑中走出，来到复活节的原野，这也是要从西欧的阴郁中烘托出无限深邃的境界。在古典文艺中哪儿也找不出如此突出“追求光明而无止境”的例子。如果说希腊的史诗典型地描述了自然世界的话，那么《浮士德》则描写的是最典型的精神世界，这一世界的人物特征，一言以蔽之就是“阴郁中的苦闷”。我们再看看学术方面也是如此。西欧学术作品中具有代表性的不是始于文艺复兴期，而是始于巴洛克时代。物理学的力学、量学，或膜拜康德的先验哲学，都是富于跃动感的、追求无限的学问。它与古代那种静态物理学和存在哲学相对立。正如康德的空间与形式的概念所示，在舍去具体内容的“抽象”上，具有显著的倾向。抽象，是一种杰出的能力，西欧的阴郁正是在这一点上使德国哲学家完成了古代哲学家未所能及的业绩。

西欧的这种在杰出的文化创造中展示自我的特色，作为向往神秘的共鸣基础，早就成为基督教的最良培养基。基督教的流传当然决不限于西欧，但没有比西欧更便于基督教扎根的地方了。从那里的阴郁中推出的深邃和抽象的倾向，首先通过基督教信仰得以表现出来。犹太教是与沙漠自然的恐怖相抗拒的民族宗教，原本就不扎

根于土地，而是从中加以抽象为特征。它通过基督的复活得以改革之际，正值世界各国形成之时。因此，基督教在从土地中抽象的基 138
础上，又以从国民中的抽象为特征。也就是说，尽管它是发源于沙漠的、犹太民族的宗教，但从一开始就不单是作为民族宗教和国民宗教的。所以，西洋人一方面接纳其为超越国民、超越地域的宗教，另一方面在思维方式上也成为沙漠型、犹太民族式的了。旧约圣经不光是犹太民族的记录，而且也是全人类历史的见证。尽管它所传播的习俗是沙漠型的，但现在却成了他们自己的习俗。他们原始以来传承的礼仪和世界观，现在已为犹太民族的礼仪和世界观所代替。这种精神上的彻底征服为何可行呢？其原因是**阴郁中的苦闷与沙漠中的恐怖**产生了共鸣。再没有比西欧人更容易接受具有坚强意志的、唯一的人格化的神了。而且也只有西欧人能更为理解旧约的预言家们那种意志坚定的、伦理性的激情。

但是，这并不是说所有杰出的文化创造仅仅出自于基督教精神，光凭基督教是无法产生出优秀的学问和艺术的。正如中世哲学是在希腊哲学的基础上思索神与人一样，尖拱式建筑和雕刻等在艺术上也只有通过罗马式建筑才能得以发展。西欧的阴郁将其特性赋予学问和艺术之中，但在本质上它们仍是牧场型的，是建立在与古代共通的基础之上的。西欧的近代以古代精神的“复 139
兴”为开端也绝非偶然。通过古代人的遗产——崇尚合理性、喜好人工的，西欧人开始自觉到其阴郁深层蕴藏的牧场特性，并因此而完成西欧式的文化创造。所以仅就杰出的创作来看，西欧的阴郁与合理主义是不可分的，建立理性的秩序，并由此征服自然，这是指导阴郁的精神去追求无限深邃的根本方向。

若不回顾这点，仅着眼于西欧的阴郁的话，我们看到的便是阴惨、恐怖和残忍的一面。中世城市的刑罚之残虐，至今仍可从留下的刑具中窥其一斑；中世宗教美术中所描绘的活生生的惨状令我们不忍目睹。福音书中虽然将基督的十字架描绘得历历再现，但古人却没有创作过那种血淋淋的基督像，甚至在古代的没落期里，腊万纳[①]的镶嵌画上描绘的也是年轻健美的牧羊儿。而中世人则将十字架上的基督尽量描绘得阴惨活现，让观众感到**现实**的痛苦。所以，它既不是表达神之子又不是表达神之爱，只是一种残虐和痛苦的再现。更何况那种惨绝人寰的地狱图，简直是一种描绘惨景的愉悦。由此我们可以清楚地认识到西欧人性的野蛮。这一印象与中世武器的阴森之感一脉相承。剑与矛本是杀人工具，但其形状本身未必给人以阴森之感。日本刀剑那弯滑的曲
140 线反倒给人清冽之美，而西洋中世的武器，其形状本身就是残忍的化身，带有一种杀气，《荷马史诗》里的英雄们决不会手持这种阴森的武器去战斗。

不仅中世如此，甚至到 17 世纪，文艺复兴拉开了近代文化的帷幕，德国已完成了宗教改革，法国也萌芽出近代哲学的时候，竟然还发生了令我们费解的三十年战争。而且它打着宗教的幌子，以反宗教改革的运动形式展开。本来宗教改革是**西欧阴郁中的文艺复兴**。面对阿尔卑斯以南盛开的绚烂的艺术之花，阿尔卑斯以北则萌发出内在蕴含的古代精神，即人文主义的抬头。而正是在

① 腊万纳（Ravenna），一译拉温那，古罗马帝国的海港。公元6—8世纪为东罗马帝国统治意大利的中心，现为意大利腊万纳省省会，以保有古罗马时期的建筑遗迹著称。

这种人文主义的国度里，其反作用之强，导致了世界史上无与伦比的惨烈的内乱。这场内乱使德国化作一片荒芜之地，人口减少到四分之一。如此惨绝人寰的相互杀戮，哪位人文主义者能预测到呢？这当然也可以归结于德国人对自己的信念坚贞不渝，但新教与旧教的对立难道就这么重要，以至于连相互杀戮都可以视而不问吗？我站在这片故迹上回想起这场战争中的一个片断，不禁为其惨状而热泪直下。那是德国南部的一座古代自由城，叫“罗藤堡”。它远离近代新兴的交通干线，似乎为文明所遗忘，整个街镇静悄悄的，中世风韵犹存，像一座古董似的。三十年战争时，这 141
里为天主教的蒂利[①]大军所围困，持久抗战留下的遗迹几乎原模原样地保留下来。那场战争由于当时的市长巧妙周旋，以投降而告终，才使牺牲人数停留在最少限度上。但在这之前，无论男女老弱，市民们团结一致、共同对敌，他们毫不畏惧，在步枪还不甚发达的时代，用石头来抵抗侵略者，妇女们也竭尽全力为丈夫和父亲搬运武器，三四岁的孩子也抱着石头摇摇摆摆地运到满身是血的父亲身旁。这是一场全民皆兵的捍卫城堡之战。我在亲访罗藤堡之前，压根儿就没想到会有这样的战争。所谓战争，本应该是局限于具有战斗资格（无论是自愿从军，还是被迫征兵）的人之间进行的，连日本的战国时代[②]也都如此。像这种全民皆兵之

① 蒂利（Tilly，1559—1632年），三十年战争中德国皇帝军将领。率领天主同盟军转战各地，攻破数城，后负重伤死去。

② 日本室町幕府后期战争频繁的时代（1467—1573年）。始于应仁之乱后，至室町幕府灭亡。此时大名割据，战乱不休，庄园制崩溃。为日本史上社会政治、经济发生急剧变化的时代。

战，在日本恐怕一次也没有吧。由此我才终于明白这场战争是多么残酷，同时也才得以领会到三十年战争使人口减至四分之一的
142 理由。西欧阴郁的特征甚至反映在战争形式上，它与中世武器给人的阴惨之感一脉相通。

但是，并不因为有这种阴惨和残虐，就减低了西欧人对世界文化所做的贡献。西欧的阴郁尽管容易陷入上述那种颓败之中，但其内在世界始终保持着那种追求无限深邃的倾向，正是这种力量使得人们再现明朗的理性之光。近代欧洲之所以能成为世界文化的火车头，主要也是因为有这种理性之光，而不是因为有其背后的残忍性。我国近一个世纪以来从欧洲学到的也就是这种明朗的理性之光。这样看来西欧文化的功绩还得归结于牧场特色，它通过阴郁的特殊性得以发挥，因此西欧自任为是希腊的嫡传也未必不可。

（十三）

我们尝试着从欧洲的牧场型风土去理解其文化，但这不是说风土就是文化的起因。文化犹如盾牌的两面，有历史和风土，不能只取其中的一面，既没有不具风土特征的历史形成，又没有不具历史特征的风土形象。所以，我们既可以从历史的形成中发现风土，也可以在风土的形象中认识历史。这里只不过将视点置于
143 风土上，零零散散地试着考察了这两个方面。

由此考察我们可以得出下列结论：人们在自觉到自我存在的根源，并欲客观表现之时，其方式不光受历史的制约，也受风土的制约。从未有过不受这种制约的、精神上的自觉。然而风土的

制约正是在这方面最为鲜明地提供了自觉得以表露的优越性。打个比方来说，听觉敏锐的人最能自觉体现音乐的才能；肌肉发达的人也最能自觉体现其运动的才能。当然我们会在这种自觉表露之后，发现各个器官的优势。但并不是说自觉才能使得器官发达。同样，牧场型的风土中理性之光最为灿烂；季风型风土中感情的流露最为丰富。那么，正如我们通过音乐家去欣赏音乐、通过运动员去体验竞赛一样，难道不应该从理性之光最为闪烁之处学会开发自己的理性、从感情的流露最为丰富之处培养自己的感情吗？如果风土的制约使各国人民在不同方面各具特长的话，那我们正可以于此发现自己的不足、促进相互之间的学习。这样我们才能超越风土的制约，提高自己的素质。无视风土特征不等于是超越风土，只会不自觉地停留在风土的制约内。但是，这也不是说只要自觉到这一制约就能超越之，风土的特性并不因此而消
失，反倒由此而更显突出。牧场型的国度在某种意义上是乐土， 144
虽然我们不能将自己的国家化为牧场，但我们却能**获得**牧场型的特性。这样我们的台风特色会别开生面，因为当我们在自己内心中发现希腊式的明朗，充分培养出合理主义要素时，反倒更能有效地发挥自己的“感性”和“气概”，因而也会自觉到那种超越一切的合理性因素如同台风一般吹遍我们全身。

这样想来，再回顾一下过去，就不难发现我们的祖先是极为敏感地直察要害的。首先是对基督教怀抱的那种异常的倾倒和恐惧，基督教的侵入在某种意义上说是沙漠型的侵入，对之倾倒和恐惧在直观上都说明我们自己正缺乏它。其次是对透过锁国而徐徐渗入的欧洲科学所抱的热切关注。这正是对我们自己所缺乏的牧

场型要素的一种渴望。东亚各国中没有哪个国家曾表露出这么迫切的渴望。但是这种直觉中缺少一种洞察力，即认清我们的风土既不会成为牧场也不会变为沙漠，这正是我们目前面临的问题。

昭和三年（1928 年）初稿、十年（1935 年）改稿

第三章　季风型风土的特殊形态 145

一　中国[①]

广义地看，季风地带也包括中国大陆。如果说季风是由热带海洋将湿热吹向大陆，那么受太平洋影响的中国大陆当然应属于季风地带。不光是东南沿海一带直接受其影响，而且内陆也有波及，最能反映中国风土特色的首推长江和黄河，而至少长江可以说是季风在大陆的具体表象。这是一条什么样的江呢？

对日本人来说，长江的第一印象实在是出乎意料。当轮船接近上海时，首先令人惊讶的是时速十三四海里的轮船整整一天居然一直航行在一片泥海之中。吞吐泥水的长江全长约 6300 公里，是莱茵河的四倍半，比整个日本列岛还要长。这样一想也就不足为奇了，可亲眼目睹这一景观，还是不禁感到奇异。因为我们心目中的"海"并不包含这种茫茫无际的泥海，而长江河口与这泥海又交汇相融，形成一片汪洋。尽管有人告诉我说船已在上溯长

① 近代日本通称中国为"支那"，本书直接改称"中国"；另将原文"扬子江"改称"长江"。

146 江了，可视野中只有地平线遥遥在望，只不过比海上时略显粗壮些。而且这条地平线只勾划出河口的崇明岛和长江右岸一边，左岸根本不在视野之内。这样一来，我们固有的海与河的概念便一举崩溃。比如我们在明石海峡[①]看到了“海”，而“长江”却有大阪湾那么宽，而且大阪湾可以从须磨海滨看见和泉的山峰[②]、从堺海滨望见淡路岛[③]的群山，而长江则只有对岸的地平线依稀可见。

当然这是长江河口的情形，或许不能代表整个长江，但其江面之宽或十几公里，或七八公里，对我们来说仍是令人惊叹不已的了。我们的“海”——明石海峡宽不过四五公里，两岸为山岩所环抱；而长江则滚滚流泻在广袤的原野上，不像是一条为陆地相挟的河。换言之，长江正是君临在整个流域的平原之上。

这也说明了长江流域平原的特征。船溯江而行靠近岸边时，可以见到树木、田野，但从船高处望去，一片漠漠平坦的原野却也望不见多远，顶多只能瞭望到两三公里远的地方，其余全是一片天色。哪怕这原野延伸几千公里，收尽我们视野的只不过一公
147 里左右。我们很难留下“遥望广阔平原”之感。因为我们已习惯眺望远山而感平原之广，哪怕远山只隔七八十公里，就我们的直观能力来说那便是十分辽阔的了。尽管长江流域是名副其实的大平原，可望不见远山，它的广袤便没法印在我们的记忆中。这就

① 位于兵库县南部的明石市和淡路岛之间的海峡，紧扼大阪湾的西口，约四公里宽。近年新建的明石大桥是沟通本州与四国的要道。

② 须磨，神户市西部地名，临大阪湾，自古以来与明石并称为风景胜地。和泉，大阪府南部地名，与须磨隔湾相望。和泉山脉为东西走向，最高峰岩涌山海拔898米。

③ 堺，大阪府中南部一港口城市，临大阪湾，曾作为日本与明朝贸易的中心。淡路岛，濑户内海最大的岛屿，面积593平方公里，靠近兵库县南部。

是长江造就的大平原的景观，在另一意义上，它打破了我们所持有的大平原的观念。

长江流域的平原是水的造化，而这水又多是由季风从太平洋携来，所以我们说长江流域是季风在大陆的具体表象似乎并不过分。那么，我们前面提到过的季风型性格在此又是如何表现的呢？

长江及其平原的景象给我们的直接印象其实并不是大陆特有的那种伟大，而只是单调和广漠。茫茫的泥海没有给我们以大海翻腾跃动的生命感；比我们的海还要宽阔的泥河也缺乏大江特有的那种“漫然流动”之感。同样，平坦的大陆在我们心中也够不上伟大的形象。我们明知长江、黄河之间的大平原要比我们的关东平原[1]大出几百倍，但置身其中，只能望见平原的一小部分，不管你走到哪儿都只是同一局部的重复。也就是说中国大陆的广袤给我们的感觉是缺少变化、广漠而单调。换言之，我们在与“大
陆”的交流中，已经发现出自己身上单调而广漠的因素。然而在 148
这种风土中代代繁衍的人们经常只能找出这种自我，却没有机会去发现这以外的自我要素。因此，忍辱负重的季风型性格在此便体现为持久的意志和感情的抑制，得以与其单调和广漠相抗衡，进而也就是对传统的执着和强烈的历史观。这种性格与印度人恰成对照。如果说印度人的性格特征是感情的流溢，那么中国人的特征则是无动于衷吧。

我并不是认为只有长江能代表中国的风土。中国大陆的另一半是由黄河来表现的。但我对黄河及其流域没有什么直观印象，而考

---

[1] 日本最大的平原，地处本州东部，以东京为中心占据了关东地区的大部分。

察风土，直观又是极为重要的。所以，对黄河我不好积极地阐述自己的看法。这里只凭些间接的知识来补充一下前面的观察。

自古就有“南船北马”之说。长江流域是水乡，黄河流域多旱地。“南船”这一特色到现在也依然如故，如眼前长江上的轮船和军舰，而黄河居然与水运发展无缘。再者，长江平原种的是稻
149 米，而黄河平原种的则是小麦。这些特点可以概括为黄河是源自沙漠之河，也就是联系沙漠和季风的河。

从构成黄河平原的黄土土质中也可窥见这一特点。黄土中极为细小的土粒本是由沙漠的寒气所制成，它被风吹水冲，或被风卷来堆积后再被水冲卷走。而这水若是来自太平洋上的话，那黄土地带就等于是沙漠和季风合作的产物，具体体现这一合作的就是黄河。

如此看来，中国人与沙漠人的特性也并非无缘，他们明显保持着一种紧迫感，在忍耐的深处蕴藏着一股斗志。这也说明季风性格和沙漠性格的相互融汇，但它只构成季风性格的一种特殊形态，并不表明中国存有沙漠性格，在中国人身上根本找不出沙漠人特有的那种绝对服从的态度。所谓中国人的性格正是“不甘于服从”，他们除了受血缘或乡土关系的约束外，不肯受任何其他的拘束。“不肯交税、不愿服兵役、不服从命令、无视法规、热衷赌博吸大烟。他们总是千方百计地想逃脱国家的束缚，随心所欲，自己愿干什么就干什么。”[1] 当然在那种无法抗拒的强大的力量下只好忍受，但是“表面上唯唯诺诺，露出一副唯命是从的样子，而内心里绝不会轻易认输。正如成语‘面从腹背、两面三刀’一
150 般”。[2] 这种决不低头的忍受与他们无动于衷的性格密切相关。只

有无动于衷才能做得到这一步，而同时，在这种态度中又培养了无动于衷的性格。

我曾在香港和上海目睹过中国人的这种性格。

那是昭和二年（1927 年）左右，我从停泊在香港九龙的船上看见许多中国人的帆船围聚在外国船旁装卸货物。小船上像是住着几户人家，四五岁的孩子在甲板上玩耍，很是可爱；还有年轻妇女和老太太围着帆绳在干活，一眼看上去真是一幅和谐相处的情景。可就在同一条船上，竟有几门旧式大炮装备在船锋、船侧。这当然是为了防范海盗，因为海盗也以同样装备袭来。也就是说，凭着这条单薄的帆船既要装货运输，还要准备着与海盗交锋。我为此震惊不已，设想到有炮战的运输非平时可为，而中国的劳动人民竟当作家常便饭，携带妻儿，泰然处之。世上还有哪个国家能找到这种人民呢？

在这种劳动人民身上，我看出了中国人的本色。他们生活在
密切的血缘关系中，甚至在有炮击的危险下也不分离，周围还有 151
同样紧密团结的乡亲作壁垒，他们相互协作相互帮助，但除此之外他们没有更高超的办法来保护自己。在中国领海内对付海盗只能凭他们自己的力量，指望不上国家。所以，他们过着彻底的无政府主义生活，根本不依靠国家的保护，这是他们重视血缘关系和乡土关系的原因。而另一方面，对于超出这种关系的强大力量，他们又老老实实地放弃抵抗，一忍到底，摆出一副“没法子”的态度。尽管是忍气吞声，可心底里却蕴藏着一股旷达不羁的劲头，拖家带口怡然生活在备有火炮的船上便是这一态度的表现。因为

有全家覆灭的危险，才备上大炮，而整天提心吊胆害怕危险是无法过日子的。反正再动用“感情”也丝毫减轻不了危险，无动于衷反倒是最好的防御法。同时，这种危险必然要带来丰厚的报酬，攒钱也是积蓄一种自我防卫的能力。所以冒着危险本身也就是最好的防御法，没法子的态度里总是含有这种打算和不动声色的意志，这正是无政府保护下的生活的强处。

152 昭和二年（1927 年）二月，在上海我更直接目睹了中国人的这种韧劲。当时正值俄国的普罗势力在中国高涨，蒋介石军开始席卷长江流域，北伐军已逼近上海几公里处，郊外的住宅区日夜炮声隆隆。此时上海的工人们与蒋介石军相互呼应，全面罢工，邮局关闭、火车停开，风传水电也不日将断。共产党乘机在全市展开宣传，民众也为之所动。除俄国人外，其他外国人不到万不得已时绝不会走近中国人居民区。在这种情况下，守卫上海的北伐军开始使用非常手段镇压共产党，嫌疑犯抓了就杀头示众，也不知要杀到什么时候。而外国人最为恐惧的当然是留守上海外围的北伐军，他们一旦被蒋军追赶逃回上海后不知会造成什么样的骚乱。那样，问题就不是军队归属于哪方了，武装起来的游民苦力便会大肆掠夺、强奸、杀人，扰乱市区。外国人越想越恐怖，一心只期望得到本国势力的保护。于是，外国军舰陆续驰入上海港，陆战队开始登陆，至少租界内的安全可以确保了，但还顾及不到租界外的住宅，外国人商量着得当晚赶快就把家属们转移到租界内港口附近的安全地方，对他们来说，国家力量是唯一的靠山，最
153 后一招就是逃离这块恐怖之地，奔回到受政府保护的本国内去。为此，已有巨轮在港口等候。外国人就是这么惊慌失措，他们惯

于依靠国家的保护，要是得不到这种保护的话，便会感到强烈的恐惧和不安。

可是，中国人毫无退路，严格地说，靠着那支随时可能化为武装掠夺之徒的军队，他们又能干什么呢？的确有不少商店关门，但这和工人总罢工一样，也是一种同情蒋军的表现。在这种消极对抗中，中国人都没有流露出任何反映目前“恐慌”的表情，站在街头环视一下，找不见什么兴奋的征候。面色茫然的中国人从容不迫、慢悠悠地走在街上，或继续做着自己的买卖。据说那时在左右日元汇率的外汇交易所里，依然有许多中国人云集一起，热衷于买进卖出。或许马上就要遭到抢劫，或失去性命之际，而他们脸上一点儿也没有流露出不安。在他们看来，只要有机会攒钱，就还没到非走不可的时候。一旦那一刻来临就尽量躲藏起来，或撒腿逃跑。他们认为对尚未发生之事劳心费神岂不是无益之举吗？若动辄浪费感情，在中国是活不下去的，他们的表情是这么告诉我们的，他们原本就没指望国家保护，所以也就根本谈不上担心能否受到保护之事。154

我在这种强烈的对比下感到震惊，离开了上海。尔后，除了电线杆上的首级外，上海没有发生过什么更令人惊骇的事，事态的发展正合着中国人的那种无动于衷的态度。如此看来，那些为城外炮声一惊一乍、整日焦虑不安的外国人确实是“徒劳无益了一场”。不依靠政府而生活的强处正在于此，对我们这些一切都靠国家的人来说，这种事态完全是无法预料的。

中国人的无动于衷并不是说他们缺少感情生活，而是感情生活的形态之一就表现为无动于衷。人们于广漠单调中发现自我，没必要去追求变化或感动。在这一点上日本人正好与中国人相反，常在富于变化的多样性中发现自己。在日本人眼里，那些手提鸟笼、终日仰望天空的中国人真是不可思议，从前就说过，这种长幅度波长中的节奏对我们来说看不出什么感动。但是，从好的一面来看，这种不动声色就是一种“从容不迫”的态度。对总
155 像是被什么所追赶的日本人来说，这种态度甚至可以作为一个修炼的目标。在中国，不管是农民还是商人都很自然地流露出这种态度。因此可以说，相对日本人的小里小气，中国人总是从容大方，但这不是超越细腻的感情和敏觉的举动后所达到的境地，即不是临危不动的那种镇定，而是因为他们本来就不动摇。所以这种态度并不伴随着什么人格上的评价。

从中国的文化遗产中我们也能发现同样的特征。中国的艺术一般气势雄伟宏大、统领大局并紧切要害，但同时又令人感到内容的空疏，难以找见细致入微之处。它典型地表现在近代中国的宫殿建筑上：其规模庞大，给人的印象很宏伟；而细部空洞，几乎不堪入目。虽然远看上去给人的印象不错，但作为艺术不能只是远看而不顾细节，忽视细节也是缺乏感情流露的一种表现吧。

当然，用这种近代建筑来代表两千年来的中国艺术或许有些勉强，乐浪[1]出土的汉代文物告诉我们中国艺术中也有纤细入微之作。特别是玳瑁小盒上的图画之细腻，足以改观我们想象的那种汉代画像石艺术。收藏在伦敦的顾恺之的画卷也给人以细腻之

① 郡名。汉武帝元封三年（公元前108年）置。治所在朝鲜（今平壤市南）。辖境约当今朝鲜平安南道、黄海南北道、江原道和咸镜南道地。西晋末并入高句丽。

现在不光中国的官僚，连称为学者的人也多有经商者在。”[3]这样看，其国家及政府本身也可以说是一种无政府状态。 159

最后的大清帝国崩溃之后，官僚分化为军阀和财阀，与外国资本相勾结发财致富。一直到二次大战爆发为止，上海、香港实际上是中国的心脏，这一事实也正暴露了其国家的无政府性。摆动中国的政治势力就在上海和香港的银行里，而这银行即便不是外国银行，也是受外国势力保护的，这就是说，中国这个国家是从外面凌驾于民众之上的；民众对此并不介意，他们本来就不服从国家。偶尔有孙文这样的先觉者痛感于此，他认为 1920 年左右的中国在列强的经济压迫下完全变成了一种殖民地，甚至处于比真正的殖民地更为不利的地位。然而一般的中国人对这种经济上的压迫不觉痛痒。孙文的主张完全正确，但与他共事的人们不仅没有将中国从这一桎梏中拯救出来，反而更进一步地与外国资本勾结在一起，使中国终于成为世界资本主义竞争的对象。这一倾向虽然对启迪中国人的民族自觉有过几分贡献，但只要有背后势力企图强化中国的殖民地，其民族自觉便无法引上正确的方向，也就是将中国从殖民地中解放出来的方向。这样看来，中国人的无动于衷最终是将自己引向了不幸的深渊。

认清自己，就是超越自己摸索一条前进的道路。理解与己不同之处，取人之长补己之短就会开拓新的路子。 160

明治维新以前的千百年间，日本人尊崇中国文化，撇开自我致力于摄取中国文化，直至衣食住等生活细节部分。但日本人的衣食住仍与中国迥异，日本人摄取的中国文化的养分已不再是中国的了：日本人崇尚的不是大而空，而是小而细；不是外观的完善，而是渗透于内部每个角落的醇化；不是形式上的体面，而是发自内心的感动。日本人无论将中国文化汲取得多么彻底，也不会导致上述所说的那种中国特性。但尽管如此，日本文化还是吸收了先秦至汉唐宋的中国文化的精髓，并将之融汇于自己的体内。通过理解这点，中国人反倒能重新认识现代中国已失去的、过去的辉煌灿烂的文化的伟大力量，而且可以从中探出一条路子，打开现在停滞不前的状况。

中国必须振兴，必须恢复汉唐文化的伟大之处，从世界文化的发展来看，中国文化的复兴也是必不可少的。那些顽固闭守殖民主义方针的财阀、军阀只是中华民族的罪人，中华民族只有站稳自己的立场，才能有伟大的中国的复兴。

昭和四年（1929 年）初稿、昭和十八年（1943 年）改稿

注释：

1. 小竹文夫：《近世中国经济史研究》，第 15 页。
2. 同上书，第 29 页。
3. 同上书，第 30 页。

161

二　日本

（一）台风的影响

人之存在具有历史的、风土的特殊构造，这一特殊性由于风土的局限性而被明显划分为几种类型。本来风土就是历史的风土，所以风土类型同时也就是历史的类型。所谓“季风型”是指生活在季风地带的人的存在方式。我们日本的国民在这种特殊的存在方式上是属于“季风型”的，即感受性强、善于忍耐。

但是，我们不能仅因此而拘囿我们的国民性。只抽象地考虑风土的话，那么无垠的海洋、充足的阳光、丰盛的水源、茂盛的植物等都与印度极为相似。但印度北面有高山屏障，有定期来自印度洋上的季风。日本与之不同，地处蒙古、西伯利亚广袤的大陆和浩瀚无际的太平洋之间，常受变化无常的季风影响。虽然两国同是直接沐浴着海洋上卷来的充沛水量，但在日本，这水表现为两个方面：一是以“台风”的形式出现，它季节性强、具有突发性，在其辩证法式的性质上和猛烈程度上都是他处无法相比的；再是以大雪的形式出现，其积雪量也属世界罕见。在这种大雨与 162
豪雪的双重现象下，日本属于季风地带中最为特殊的风土，具有热带和寒带的双重性。温带地区在某种程度上总是兼容这双重因素的，但哪儿也找不到像日本这样表现得如此明显的地方。这种双重性首先明确地反映在植物上，以强烈的日光和丰沛的湿润为基本条件的热带草木在这里繁茂生长，盛夏的景物与热带地区相差无几，代表性的农作物都是水稻。另一方面，以寒气和少量湿气为条件的寒带作物也同样生长旺盛，小麦就是其典型的代表。这样，冬天被小麦和冬草铺盖的大地，夏天又被水稻和夏草所覆盖，而这种难以交替的草木本身各自带有双重性：本是热带植物的竹子，雪压竹叶之景却常常作为日本独特的风光来介绍，而惯于承受积雪的竹子也就与热带竹林有所不同，成了更有韧力、更能弯曲的日本式竹子了。

只抽出风土考察时，我们所能发现的这些特征具体地说就是人的历史生活的写照。水稻及种种热带蔬菜，小麦及各类寒带蔬菜，都是由人亲手种植的，也就是于此所必需的雨、雪、日光都将
163 反照到人的生活中去。台风吹开稻花，同时又威胁人的生活。所以，台风的季节性、突发性也就构成人的生活本身的双重性。丰沛的湿润在惠予人们以食物的同时，又化作暴风、洪水向人们袭来。这种季风型风土，在我们感受性、忍从性的存在方式上，又加上了热带性和寒带性、季节性和突发性这种特殊的双重性。

首先，季风地带特有的感受性在日本人身上表现得极为特殊。第一，它是热带性和寒带性兼而有之。既非热带的那种单纯的感情流溢，又非寒带的那种单调的感情持续。它是一种沛然涌出而又于变化中宁静持久的感情，正如四季变化显著一样，日本人的感受性也随之而变。所以，虽没有大陆特有的沉着，却也活泼、敏锐。正因为如此才易疲劳、难以持之以恒。而恢复这种疲劳不是靠静心养神，而是靠新的刺激以及心情的转换。这样，感情不因其变化而成为完全不同的感情，依然是固有的感情。所以，不具持久性的背后实际上是存有一种持久性，即感情于变化中而悄然持续。第二，它是季节性与突发性的并存。在变化中悄然持续的感情，一面不断地转变为其他感情，一面却以同一感情持久，因此不只是季节性、规律性的变化，也不单是突发性、偶然性的变化，而是于变化的各个瞬间含有突发性并转化到前一感情所规
164 定的另一感情中去。恰如季节性的台风带有突发的强度一样，当感情从一处转向另一处时，也容易露出突发性的剧变。日本人的感情激昂常常是在这种猛烈的突发性中迸发而出，它不是那种感

情的执着和持久中的迸发，而是像飓风般猛烈呼啸而去。因此，有时甚至制造出一种特殊的历史现象：不去进行顽强的斗争而要全面变革社会；而且还造就出一种日本气质：十分崇尚感情的激昂却忌讳执着不已。在深远意义上，拿樱花来象征这一气质是极为贴切的。它开得匆忙、灿烂、竞相怒放，但不是一直开下去，落也落得同样匆匆、恬淡。

另外，季风地带特有的忍从性在日本人身上也表现为一种特殊形态。因为首先它兼有热带和寒带的两种性质，既不是热带那种不抵抗的达观，也不是寒带那种坚持不懈的忍耐，而是在达观中试图反抗，通过变化来暂且忍耐屈从。暴风骤雨的威力最终能使人屈服，而台风式的性格则容易掀起内心中战斗的火焰。所以日本人尽管没想去征服自然，也不愿与自然为敌，但却在战斗性的反抗精神上，达到一种难以持久的谛观。自暴自弃作为日本的特殊现象很清楚地表明了上述的这种忍从性。其次，这种忍从性又是兼有季节性和突发性的，忍耐屈从中含有反抗。因此，不是单纯按季节性、有规律地重复忍耐和屈从，也不是突发的、偶然
的忍耐和屈从，而是在忍耐屈从反反复复的每一瞬间中内藏着突 165
发性的要素。忍耐屈从中的反抗常常突然爆发燃烧，犹如台风般的猛烈，但在这感情风暴过后，却又倏然袭来一股寂静的达观。感受性上的季节性与突发性的特征，直接与忍从性上的特征相辅相成。反抗及斗争越猛烈就越令人赞叹，但同时又不能太执着。潇洒地放弃反倒会使得人们更加赞美猛烈的反抗和斗争，也就是倏然转为忍耐屈从。换言之，果断利索、淡泊忘却才是日本人的美德，至今仍如此。日本人的气质如同樱花，也就是基于上述的

突发性和忍从性。其最显著的表现方式就是淡泊轻生。这一现象曾令欧洲人惊叹不已，当日本的基督教徒遭到迫害时，殉教者的态度是那么从容不迫，而前不久的日俄战争又给他们以强烈的震惊。反抗和斗争的根底里蕴藏着对生命的执着，而当这种执着最为强烈地表现在客观现实上时，这一执着中最为突出的态度竟是对生命的全盘否定，日本人的斗争至此达到一种极致。剑道的极致就是剑禅一体，也就是将斗争从对生命的执着追求上升到超越生命的高度。我们称此为台风式的忍耐屈从。

166 于是，日本人独特的存在方式可以归纳为以下两点：一是丰富流露的情感在变化中悄然持续，而其持久过程中的每一变化的瞬间又含有突发性；二是这种活跃的情感在反抗中易沉溺于气馁，在突发的激昂之后又静藏着一种骤起的谛观。这就是深沉而又激情[1]、好战而又恬淡。日本的国民性正如此，它形成于历史中，除了历史的产物以外哪儿也没有其表现的场所。因此，我们必须在客观的表现中去追究其特性。

人的定义首先既是个人又是社会，即人是处于“关系”中的。因此，那种特殊的存在方式也应反映在这种关系上，也就是反映在共同体的构筑方式上。

人的关系最为突出的例子，正如亚里士多德所指出的那样是男女关系。男女有别已经是对这一关系的把握，关系中的一方为男，另一方为女，不扮演这一角色的“人”是**尚未成为**男人或女人的人，将这种人不管怎样结合在一起，都不会成为“男女关系”。所以，我们在说男人、女人时，已经给人扮好了关系中的角色。因此，“人”尽管可以是独身，但“男女”之间相互缺少任何一方，其关系便不复存在。[2]

这种“男女关系”在日本是怎样特殊地形成的呢？从《古事记》和《日本书纪》①中的恋爱谭中，以及各个历史时期的史料中，我们可以找出比任何话题都丰富的材料来回答这一问题。由此，167
我们显然可以发现日本恋爱的一种类型，即“内含激情而又怡静的情爱、充满斗志而又恬淡放弃的恋爱”。《古事记》里的一些朴素的悲恋故事，其恬静的情感很难在旧约圣经或希腊神话[3]中找到雷同之例；而那种台风般的激情和强烈的斗志也不是中国或印度故事中所能找见的。特别是在“情死”上，[4]这种恬淡宁静的达观表现得更为明确和具体。随着时代的变迁，这种纯真虽然有所消失，但在后来的时代中仍可明显辨认出上述恋爱的类型。比如平安朝②恋爱中流露的“物哀”[5]，镰仓时代③里恋爱与宗教的结合，以及足利时代④所赞美的恋爱的根本动力。佛教绝没有贬低恋爱的地位，反倒拿烦恼即菩提的思想来防止灵与肉的背离。到

① 《古事记》，现存日本最古史书。太安万侣撰，公元712年成书。以皇室系谱为中心，记日本开天辟地至推古天皇（约592—628年在位）间的神话传说与史事。也是日本最古的文学作品。《日本书纪》，日本古代史书，以汉文本纪体撰写。公元720年成书，共三十卷。记日本开天辟地至持统天皇（约690—697年在位）间的神话传说与史事。

② 始于公元794年恒武天皇迁都平安（今京都），至1192年源赖朝开创镰仓幕府，平安朝四百年的历史告终。

③ 自源赖朝在镰仓建立幕府后，京都朝廷与之并存，遂酿成后乱。至1333年足利尊氏攻下京都，新田义贞攻下镰仓，镰仓时代由此终结。

④ 即室町时代。自足利氏在京都室町开创幕府（1336年）至十五代义昭为织田信长所放逐的1573年。

了德川时代①情死则成为文艺创作的题材，但并不是单纯地依据精神上的那种“西天”信仰，它是由否定生命来肯定恋爱，愿恋爱永存之心化为瞬间的激昂，因男女各自的职责而践踏了其他所有的职责，在这一意义上哪怕它是悖逆人道的，也仍然是表现了日本恋爱的特征。

这样看来，在日本的恋爱类型上，首先恋爱要比生存的欲望
168 更占优势。恋爱并非欲望的手段，而欲望才是恋爱的手段。人们向往那种不为个人欲望所分隔的关系，即男女之间毫无间隙的结合。我们说的恬静的情爱正是这种全身投入的结合。但其次，恋爱又常是肉体的，不单纯是灵魂的结合。[6]恋爱不可缺少肉欲作为手段。于是，内心恬静的情爱会同时变为激情。毫无间隙的结合必须通过分离的肉体才能得以验证。灵魂永在的欲望在肉体中瞬间爆发，于是便去勇敢地恋爱，不惜生命。但其背后又有突发的绝望，也就是在不可能达到肉体上的密切无隙的结合时，这种绝望使肉体上的恋爱开始淡泊地否定肉体。且不必扩大到情死现象，只要看看日本人常从肉体上理解恋爱，却又在肉体上最为淡泊这点就可明白。因此，日本的恋爱类型较之那种视恋爱为灵魂并执着于肉体的其他类型，则保持着更高的品位。

但是，仅限于恋爱关系的“男女”之间，其实是很抽象的。它既是一种“鸳鸯之情”，同时又是夫妻关系。因而还应包括“父子关系”。但父子之间又不只是夫妻对其子女的关系，对孩子来说夫

---

① 即江户时代。自德川家康在江户（今东京）开创幕府的1603年至德川庆喜奉还大政的1867年的265年间。

妻是父母，而在自己的父母面前夫妻又是孩子。所以，人是男女，同时又是夫妇、父母、子女，绝对不存在没做过孩子的男女。因而男女之间归根结底是基于父母、亲子间的关系，这就是“家族”共同体。所以，人在家庭这一整体中才会扮演各自的角色，成为 169
夫妇、成为子女、成为男女。反之，并不是由于这些人的集合，家庭才得以成立。

家族间的人际“关系”按照牧场型、沙漠型及季风型，其区别十分显著。牧场型文化始于希腊人海盗式的冒险，离开故乡的牧场前去冒险的男人们征服多岛的爱琴海沿岸各地，开始建设原始的城邦国家，他们同时娶了被征服地的妇女作为妻子。也就是说，脱离了家族的男人与家族被杀戮破坏了的女人在那里结成了新的家族。在古希腊的传说中有许多残酷谋杀丈夫的故事，据说就是根据这种历史背景而来的。所以，希腊人虽然原先具有很强的祖先崇拜意识，而且保存着对赫斯提①的牢固崇拜，但在城邦国家形成以后，家的意义与城邦国家相比便显得微不足道了。家族一般意指夫妇，从血统上说谁家的儿子时，顶多只提及他的父亲。与此相对，沙漠型家族则作为传统存在，肩负着祖先传下来的血统。[7]甚至连由处女分娩而生的耶稣还是“亚伯拉罕②的后裔”“大卫③的子孙”。但是沙漠型的存在使家族把优势让给

① 赫斯提（Hestia），希腊神话中的灶神或家室女神，传说为家庭的创立者。阿波罗和波塞冬曾向她求婚，但赫斯提立誓终身不嫁，永远保持少女的纯洁。

② 亚伯拉罕（Abraham），《圣经》中希伯来人的始祖。

③ 大卫（Dawid），古以色列王国国王（公元前11世纪—前10世纪）。据《圣经·撒母耳记》载，大卫统一犹太各部落，建立王国，定都耶路撒冷。

了“部族”。游牧生活的基本单位是部族而不是家族，在部族团结的严格制约下家族共同生活的意义被削弱了。把最大的重心放在家族共同生活的是季风型家族，特别是中国与日本的“家庭”，它们与沙漠型家族同样属于血统型存在，但它们没有因部族而
170 消解。

“家庭”意味着家族全体，它由家长来代表，但其存在并非依靠家长的意志，相反它作为一个整体使家长成其为家长，尤其构成“家庭”本质特征的是对于这一整体的历史把握。现在存在着的家族承担着“家庭”的整个历史，所以它必须对整个“家庭”的过去和未来都负责。“家名”甚至可能让家长为之牺牲。因此所谓家属除了亲子、夫妻之外，还意指对祖先而言的后裔和对后裔而言的祖先。家族的整体位于单个成员之先正是通过这样的“家庭”来反映出来的。

像这种“家庭”方式在日本人的生活中显得尤为突出，这从人们把家族制度强调为日本的淳风美俗这点也可知道。但是，其特殊性究竟何在呢？并且这种特殊的存在方式是否会随着家族制度的废除而趋向消亡呢？

我们对于日本式恋爱的特殊性的论述同样也可搬来用于家族的存在方式上。这里的问题当然不是关于男女关系，而是指夫妇关系、亲子关系、兄弟姐妹关系，但这些“关系”首先是期求亲密无间的深厚情爱。古时候质朴的人们在讲述夫妻吵架、嫉妒吃醋等事时已经显示了这种亲密无间的家族情爱，[8] 更有万叶歌人山

上忆良[①]的绝唱“金银宝玉诚可贵，吾家儿子世无伦”，它道出了日本人的真情，成为长期以来脍炙人口的名句。忆良的这种对家 171
族的情爱在他的罢宴歌中表现得更为直率：“忆良将罢宴，去去上归途，吾子行将哭，吾妻正待吾”。像这样深沉细腻的爱情在引起巨大社会变革的镰仓武士身上也能见到，比如熊谷莲生坊的转念便是出于对其子的爱情，[9]还有足利时代的谣曲更是把亲子之情描写为最坚贞的力量，德川时代的文艺为了勾出人们的眼泪自然也利用了这种亲子之情。所有时代的日本人在家族“关系”上都以**牺牲利己心**为宗旨。自他不分的理念在这种场合被表现得淋漓尽致。因此其次，那种深厚的情爱同时也是热烈的，情爱的深厚并不专指沉郁绵密的感情融合，它还通过变化悄悄使横溢的感情保持良久。强烈的感情往往流露得比较含蓄而平静，所以追求亲密无间结合的力量表面平静而底下却极为激烈。利己心的牺牲也不只停留在顺便必要的程度上，而是需要彻底实行的。这样，一旦遇到妨碍，那种深厚的情爱便会变得热烈激越，它具有为家庭全体而完全压抑个人的强大力量。所以最后，家族“关系”还体现为一种不惜生命的勇敢态度和战斗精神。这通过《曾我物语》[②]可以看出，其中为报杀父之仇的信念不知沸腾了多少日本民众的热血。为了双亲，为了家名，一个人可以牺牲他的一生，而且这种

① 山上忆良（660—733年），日本奈良前期的官人、歌人，曾为遣唐使赴唐，回国后历任东宫侍讲、筑前守等，与大伴旅人交往甚密。汉文学素养深厚，多咏人生、社会性题材之歌。《万叶集》里收录其和歌多首。此处所引其两首和歌分别出自《万叶集》卷五、卷三。译文参照杨烈译《万叶集》（湖南人民出版社）。

② 日本小说，约成于14世纪末。描写曾我兄弟二人的成长及报杀父之仇的经过。后世的文艺作品多从中取材加以改编成能、幸若舞、净琉璃、歌舞伎等。

牺牲对他本人而言是具有最高人生意义的。为维护“家名”勇猛直前的武士皆是如此，家庭整体的分量通常要重于个人。因此，
172 人们往往非常淡泊恬然地舍弃自己的性命。为了父母或为了孩子宁愿以身体性命相赌，或者为了“家族”抛舍生命，这些都是我们历史上最为突出的现象。那种深厚的情爱中既已包括了牺牲利己心的内容，那么也就不难理解人们为了家族奋不顾身，且不执着求生的行为了。

这样，日本人生活中的“家庭”方式正是在家族方面体现了深沉而激情、战斗而恬淡的日本式“人际关系”。而且正是这种关系的特殊性又成了“家族”显著发展的根据。为何这么说？这是因为深厚的情爱不允许人们从人工的、抽象的角度看待人的生活，因此它不适合于在个人自觉基础上形成的更庞大的人类共同体。于是，“家庭”在日本作为共同体中的共同体便带有特别重要的意义。正是它反映了日本人存在方式的特殊性，而且比以此为基础的家庭制度这类意识形态问题更具有深远的根本意义。

谁都承认家族制度在现代不如德川时代那么显著了。但是现代日本人的生活已经摈离“家族”了么？欧洲近代资本主义欲把
173 人看作个体，家族也被理解为按照经济的利害关系结成的个体组合。但是，日本人吸收了资本主义以后，是否不再从“家族”出发看个人，而开始把家族看作个人的集合了呢？对这点我们无法做出清楚的回答。

不过常见的是，日本人对于“家庭”的意识就是“内”，而家庭以外的世界则是“外”，并且在“内”部**个人区别基本消失**。对妻子来说，丈夫是“家里”“家里的人”“当家的”；对丈夫来说，

妻子便是“家内”。家庭成员也属于“家里的人”，与外面的他人分得相当清楚，但到了内部就不分彼此了。即，作为“家”正是对“亲密无间的关系”这一家族整体性的把握，这与“外”面的世界是有间隔的。像这种“内”与“外”的区别在欧洲的语言中是找不到的。房间内外，家庭内外，这些说法都有，但人们不说家族关系的内外。[10] 与日语的内外具有同等重大意义的是：第一，个人心理的内与外；第二，住房的内外；第三，国家或者城镇的内外。[11] 也就是说，精神与肉体、人生与自然以及大的人类共同体之间的对立是他们关心的主要对象，那里不存在以家族关系为基准的看法。因此，可以说内、外的用法表现了日本人对生活方式的直接理解。

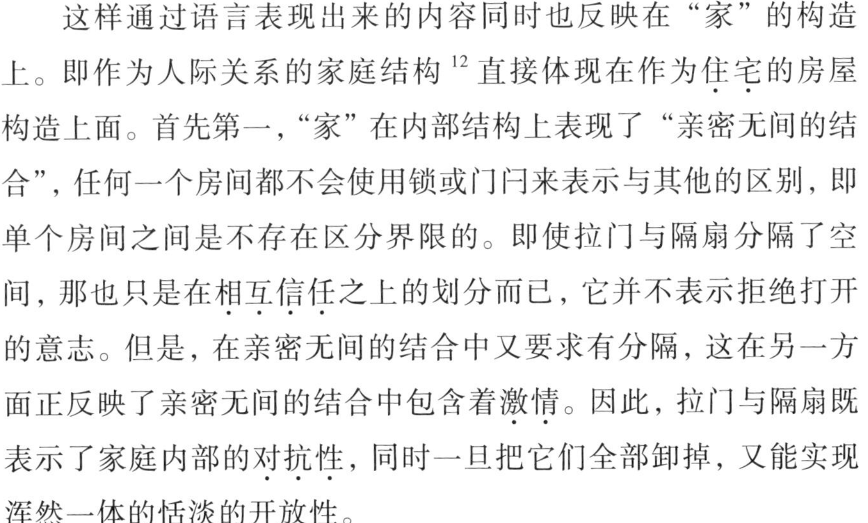

这样通过语言表现出来的内容同时也反映在“家”的构造上。即作为人际关系的家庭结构[12] 直接体现在作为住宅的房屋构造上面。首先第一，“家”在内部结构上表现了“亲密无间的结合”，任何一个房间都不会使用锁或门闩来表示与其他的区别，即单个房间之间是不存在区分界限的。即使拉门与隔扇分隔了空 174
间，那也只是在相互信任之上的划分而已，它并不表示拒绝打开的意志。但是，在亲密无间的结合中又要求有分隔，这在另一方面正反映了亲密无间的结合中包含着激情。因此，拉门与隔扇既表示了家庭内部的对抗性，同时一旦把它们全部卸掉，又能实现浑然一体的恬淡的开放性。

第二，“家庭”对外区分明显。房间的门上可以不上锁，但对外的屋子大门上肯定要上锁。不仅如此，外面还有篱笆还有围墙，更甚者还打上鹿砦桩挖好濠沟。外出归来在门口脱下木屐或鞋子，这便把外与内截然分开来了，并露骨地表现出对外保持的距离。

像这样的家在日本依然存在着，而且不光在外形上，甚至连生活方式也恪守着陈规。[13]这种生活方式有多么特殊，我们只要通过与欧洲的比较就能清楚地知道。欧洲家庭的内部一般分隔为若干个独立的房间，而且房间之间有厚实的墙壁和牢固的门挡着。每一扇门都可以用一把精巧的锁锁住，所以只有持钥匙者才能自由出入。[14]这从原理上讲，可称为**个体相距构造**。内外首先意味着个人心理的内外，这句话若反映到房子构造上便是个别房
175 间的内外。所以，步出房门便与日本人步出家门具有同样的意思，一室之内，即为个人的天地，即便赤条条一丝不挂也无妨。但是一旦走出房间加入到家人中间时就必须衣着整齐了。只要跨出房间一步，那么在自家的餐厅和在街上餐馆并无多大区别了。也就是说，他们的自家餐厅已经具有日本"外"面的意义了，同时公共的餐馆、剧场等地则起到了起居间或客厅的作用。所以说，他们一方面把相当于日本一个家庭的感觉通过给房门上锁缩小到个人的寝室，另一方面又把相当于日本家庭团聚的娱乐活动扩展到城镇的全部区域。那里没有"亲密无间的关系"，而是相互保持着一定距离的社交活动，尽管它对于室内来说算是外面，可在共同生活的意义上还是属于内部，街上的公园和马路都是"内"部。所以，相当于日本家庭的围墙与篱笆的部分，一方面缩小为房间的门锁，另一方面又扩大为城市的城墙与护城河。城门则相当于日本的家门。[15]因此，存在于**房间**与**城墙**之间的家便并不具有那么重要的意义了。人们都极为个人主义，因而**产生了距离**，与此同时，他们又有极端的社交爱好，都习惯于把握距离中的共同之

处。也就是说他们缺少的正是“家庭”的制约。

日本人也许在外表上已学到了欧洲的生活。可是在受到家庭制约、不善于个人主义式的公共社交这一点上，可以说压根儿没有欧化。尽管路面铺了柏油，可谁会以为那里光穿着布袜子也能走呢？或者譬如大家都穿着鞋子，可谁会穿着它踏上榻榻米呢？ 176
也就是说，把“家里”与“城内”一视同仁的人哪儿也找不到。只要觉得城里的街道毕竟是自己的家门以外，那么他便不是属于欧洲式的。只要还能住在开放式的日本房子里，他们依然是要受“家庭”制约的。

这样我们必须承认“家庭”的存在方式尤其显著地反映了日本国民的特殊性。不过，日本人对其整体性的自我认识其实是通过家庭的整体性来实现的。把人类的整体性首先视为神来把握，但是这个神正是代表着整个“家庭”历史的“祖先神”。这是古代对整体性的最朴素的把握，而令人不可思议的是这种朴素的活力通过历史的展开一直存活着。明治维新是以尊皇攘夷的形式表现出来的国民自觉意识，但这一国民自觉意识是建立在神国日本的神话精神复兴的基础上，而这种复兴则扎根于对民族神的本宗，即对伊势神宫的崇拜之中。原始社会里对人类整体性的宗教式把握在高度文明时代依然成为促进社会变革的动力，这种现象在世界上也是独一无二的。所以，针对明治时期同他国的战争中勃发起来的国民自觉意识，学者们甚至也没有就其本身加以理论化，而依然是从家庭的类推角度来进行解说的。其理由为，日本国民是以皇室为本家的一个大家族，国民的整体性就是出自同一祖先

的该大家庭的整体性。于是，国家就是“家之家”。家周围的篱笆
177 即扩大为国境。与家庭内部一样，国家内部也必须实现亲密无间的团结。从家庭立场上称作“孝”的德行，在家之家的立场上便被称为“忠”。所以忠孝在本质上是一致的，无论哪一方都是在全体制约下的个人的德行。

可忠孝一致的主张无论从理论上还是从历史上看都明显存在着行不通的地方，家庭的全体性绝不可能直接等于国家的全体性。家族拥有直接的共同生活，是人类共同体的**最初**状态，而国家则作为精神的共同体是人类共同体的**最终**状态。前者是最低层次的整体性，后者则是最高的人类全体性。两者在连带性构造上是有区别的。所以，作为人的构造把家族与国家视为一体是个错误。另外，从历史上来讲，江户时期极力提倡的“孝”也未必尽数表现了家族的整体性对个人产生的制约。在中国，父子关系以“亲”字概括，而在江户时期，所谓“孝”仅仅意味着子女对父母的尽心奉养关系。同样，忠也只是表示一种封建君主及其臣下之间的**个人关系**，与国家的整体性没有关系。所以，意味着向国家整体性归属的尊皇在本质上与江户时期的忠是不同的。[16] 因此，对父母的奉养关系与对封建君主的效劳关系相吻合，并不能证明**尊皇意义上的忠**（即非指个人关系上，而是指个人对整体性的归属意义上的忠）与家族整体性制约个人而产生的孝是一致的。

178 尽管如此，我们还是承认通过家庭的类推以求认识国民整体性的忠孝一致观点具有充分的历史意义。因为它正是日本人通过其**特殊的生活方式**把握人类整体性的特殊手段。而且这种特殊手段既然是可行的，便说明了日本的国民特殊性以家庭这种存在方

式得到了最大的体现，[17]同时作为国民的存在方式本身也具有同样的特殊性。

在日本，国民整体性也首先是在宗教意义上被认识的，这是唯有通过神话才能理解的原始社会的事实。那时候人们还不曾怀着个人意识去感知事物。人的意识就是指团体的意识，对团体生活有害的东西便作为禁忌束缚了个人。在这样的社会里，人类的整体性是被当作神秘的力量为人们所意识到的。所以，对神秘力量的归顺正是对全体的归顺，而举行某种宗教祭祀则正意味着用仪式来表现这一整体性。于是主持祭祀的人便作为整体性的表现者带上了一种神圣的权威色彩。rain maker 变成了 Zeus，①这是原始宗教的一般倾向，但在我们国家体现得尤为典型。天照大神不仅凌驾于众神之上，而且还掌管着祭祀大事。祭祀活动后来渐渐具有的政治意义正是最明白不过地显示了这一点。

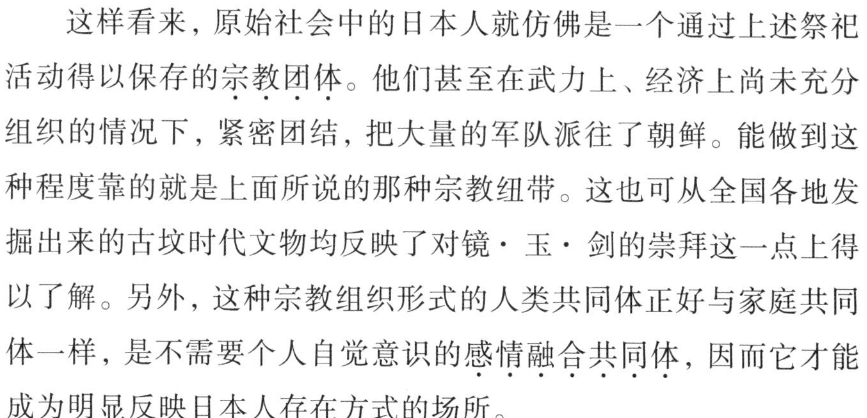

这样看来，原始社会中的日本人就仿佛是一个通过上述祭祀活动得以保存的**宗教团体**。他们甚至在武力上、经济上尚未充分组织的情况下，紧密团结，把大量的军队派往了朝鲜。能做到这种程度靠的就是上面所说的那种宗教纽带。这也可从全国各地发掘出来的古坟时代文物均反映了对镜·玉·剑的崇拜这一点上得 179
以了解。另外，这种宗教组织形式的人类共同体正好与家庭共同体一样，是不需要个人自觉意识的**感情融合共同体**，因而它才能成为明显反映日本人存在方式的场所。

我们的神话虽然显现了各种各样原始信仰的痕迹，但是却牢

① 即能够呼风唤雨的人便成为主宰宇宙的主神。

固地统一在一种祭祀活动上，这一点与希腊神话、印度神话相比显得最为特异，能与之相提并论的只有旧约神话。可是在旧约神话里神与人是截然分开的，而日本的众神与凡人之间的关系极为亲密，甚至可以从血缘上来理解。前者的人类整体性是带着严厉、坚强意志的威严君临于人的，而后者则从来不按自己的意志发号施令，往往带着和蔼的、感情般的慈爱降临到人们面前的。人们对天照大神的描写正反映了这一点，这简直就是一个证据，即证明了作为宗教团体的人际关系是以“亲密无间的结合”“深厚的情爱”为特性的。希腊诸神亲近人类这一点与日本相似，但他们反映了一种理性的、具有共和政治性质的相互关系。这也表明了希腊民族是没能团结在一种统一的祭祀活动上的。

虽说亲密无间的结合表现在统一的祭祀活动中，但它并不是像基督教堂中所说的只是灵魂的结合。它既是宗教意义上的，同时又是血肉之躯的人们相互的结合。所以，它并不是以超国民的神的教堂这种形式，而是以国民团结的形式来实现的。在神的教
180 堂里，“祭祀”说到底还是与灵魂相关，并没有演变成现实生活中的“政治”。但在国民的宗教团体里，祭祀的另一面就等于政治。天皇与法王一样高踞在整体性表现者的位置上，但同时又与法王不同，他还是国家的主权者。这样，宗教团体式亲密无间的结合，作为血肉之躯的人们之间的结合，最终是要在**距离之上**得以实现的。因此那里必然会表现出富有激情的性格，和蔼慈爱的天照大神同时也是雷厉风行的愤怒神，于此便映示了国民这一存在方式的双重性格，即“深沉而激情”。

虽属于宗教团体式的结合，却没有超越人世间，即最终还是

属于人世间的这种亲密无间的结合在距离上得以成立。它意味着这种结合经常是包含对抗，即具有战斗特点的。争斗在诸神之间进行，神话中便充斥了战斗故事，宗教团体式的结合决不是没有对抗的融合，我国国民被人称为“尚武精神”的实质就是出自这一战斗性的性格。

但是，这种战斗性格并不会让日本人分裂成若干个城市国家。正如通过战争能实现统一的祭祀一样，战争本身是通向亲密无间结合的途径。这是由于战斗性格的反面存在着恬淡性才使之成为可能。神话描述的战争基本都是恬淡的。所谓“恬淡”，并非意指战斗不激烈，而是表明激烈的战斗后会突然转变成融合。这里我们就能发现日本人的存在方式中“既好战又恬淡”的双重性格了。

如上所述，古代宗教团体式的人民结合具有可用家庭观念类推来解释的特殊性。它既是激情式的，又包含着深沉与绵密；既是好战的，又在其中融合了恬淡。在这种特性作用之下，便会表现出极其人道的态度，比如即使在相当激烈的战斗中明显对立，可他们仍然会把敌人视为同胞，对敌人的彻底憎恨并不是日本式的做法。这里我们就能看到日本人道德思想产生的基础。在这里，道德尚未形成“思想”，但是人们的行为与心情已经用“高尚”“磊落”或者“龌龊”“卑鄙”等来评价了。

我们可以从这些特殊评价中选出以下最为重要的几点：第一，使国民存在转化为宗教存在的宗教信念。高贵首先从掌管祭祀的神那里得到承认。这便意味着对国民整体性的归依是一切价值的根源。我们可以把它表述为一种尊皇意识。第二，是尊重人们亲密无间的结合。平和的心境、深厚的情感均为英雄所不可缺少的条件。它不光作为家族间的直接亲情，还可从一般国民间的相互关系上来把握。所以，它一方面是尊重人类的慈爱，另一方面是尊重社会的正义。第三，是尊重植根于既好战又恬淡中的“高贵”。勇敢是高贵美丽的，怯懦是卑劣肮脏的。但是光凭强悍也不光彩，残虐甚至是极度的丑陋。为何这样说，是因为其中除
182 了勇敢之外还存在着固执的利己主义欲望。勇敢的可贵之处在于能超越自身，雄壮的战斗性格必须同时伴随着自我放弃。从这种意义上而言，高贵与卑劣是比生命还要重大的价值判断。

通过神话传说等材料可以证明以上三点是古代的主要德行，然而古代的这一特殊性是在宗教团体结合这种原始信仰上形成的。这在后来文化飞速发展的时代还能同样发现么？在人们强烈意识到个人存在之后，那种亲密无间的国民结合还会存在么？

上文提及的神话传说时代我们一般认为是古坟时代，那是在古坟建筑与对朝鲜军事关系上达到辉煌顶峰的时代，而且那个时代，全部国土上的人民通过统一的祭祀，以宗教形式被强有力地统一在一起。[18] 这样，我们对于以后的时代也能以巨大的社会变革为中心来考察了。第二次巨大变革是大化革新。第一次变革即统一的祭祀在全国范围内的实现，带来了具有宗教性的封建社会组织。封建君主依靠天皇的宗教权威，继而依靠镜・玉・剑的权威来表现出各个地区民众的整体性。但是由于同在朝鲜的中国人及中国文化的接触，原始信仰的新鲜活力渐渐衰退了，武力及经济的权力替代宗教权威，变成了地方君主的统治力量。这种情况下祭祀的统一必然要包括政治的统一，皇族亲王家的增设引起的

中央集权运动是这种政治统一的前驱。这样，威胁了宗教权威的 183
中国文化自身便被利用作为新的政治统一的武器，有了它，才会实现封建社会的初次颠覆，而中央集权的国家便由此形成。大化革新带来的是基于土地公有制的国家社会主义式的社会组织。而且像这样果断的改革是借助了拥有经济后盾的宗教权威的势力，甚至在没有引起什么小内乱的情况下便得以实行了。

第三次大变革是因镰仓幕府的建立而开始的封建组织的复兴。以土地公有制为基础的社会组织开始满足不了人们的私有欲。有实力者以及上等人物便隐蔽在庄园这一“公有制度的癌细胞”中悄悄地发展私有制，蓄养在庄园中的武装力量终于带来了由将军及其属下的守护、庄头们组织的第二次封建制度。因此，基于土地公有制的国家法律至此虽然没有被废除，但实际上将军的命令已开始具有法律作用了。

第四次大变革是战国时代。封建制度本身虽还没有覆灭，但统治阶级在实质上已经覆灭了，而且被起义中出现的民众势力所取代了。与此同时，城市渐渐发展，商人的经济实力开始悄悄地压倒武力。

第五次大变革是明治维新。那时封建制度再次被颠覆，中央集权国家再次形成。这一切清楚地说明了在长期的封建统治下作为无实权权威的天皇依然处在将军权力之上，仍然是国民整体性
的体现者。原始信仰根本没有死亡。 184

通过这些大变革来考察各个时代，我们就会了解前面所举的国民特殊性及以此为基础的道德思想在历史上是如何被有效地实现的。体现了宗教团体式结合的尊皇意识正是第五次大变革明治

维新的动力。在它的作用下，保持着武力对抗的封建君主甚至还没来得及分裂[19]便在国民整体性面前消解了。再者，古代对“高贵”的认识在第四次变革的战国时代时，被从民众中涌现出来的武士道表现得尤为显著。武士道的根本精神是知廉耻，即以卑下（卑怯、卑劣、卑屈）为耻，那里没有善恶，只以**尊卑**作为**道德**典范的标准。另外，古代对于人类慈爱的尊重在第三次变革的镰仓时代，即在强劲兴起的镰仓佛教中体现为**慈悲道德**。慈悲行为的实践目标就是要实现绝对的自他不分，以把握亲密无间的结合，甚至可以恬淡地舍弃生命。与尊重慈爱同根同源的尊重社会正义早在第二次变革的大化革新中便反映在**土地公有**制上了。这是宗教团体式的人民整体性得到新近传来的佛教及儒教理想的支持，并欲将此理想实现在现实的人民身上。

我们应该特别重视如上所说的道德思想才是。因为它在本质上决不是日本特有的东西，可在日本它显得特别强大有力并为人们所自觉，而且这种自觉的特殊性正是以深沉而激情、战斗而又
185 恬淡等国民特殊性为基础的。

昭和六年（1931 年）完稿

注释：

1. 用“しめやか”一词形容爱情的只有日本人。它表达了一种浓情中的**平静**和谐的融合。所谓“しめやかな激情”就是指由沉郁平静能一下子转化为奔放激烈的感情。即它既不像热带式的感情，一味持续着横溢的激情最终堕为感伤，又不似那种阴悒沉闷缺乏激动的感情。

2.“独身”一词原本的用义并非指真正独立的人，而是指没有配偶。即本质上应与对方相依并存者在实际上缺少对方的状态。

3. 作为典型例子可取特洛伊战争的诱因海伦与《古事记》中的佐保姬相对照。海伦的恋情是一种调情。希腊人在赫克托耳[①]及《奥德赛》中描写了夫妇之间的浓情，却没有描写可以命相赌的恋爱。

4. 参照《日本古代文化》(《和辻哲郎全集》第三卷）249 页以下。

5. 在这里，人世一词首先意味着男女关系。

6. 所谓柏拉图式恋爱是英国式的，并非原本的希腊式恋爱。在日本也是经英美人传入之后才有了柏拉图式的恋爱。

7. 在现代欧洲明显做到孝顺父母的只有犹太人。

8. 可把描写最原始的夫妇生活的诺册二神造国土故事与亚当夏娃的故事相比较。前者当中，夫妇生活并非始于原罪，而是始于“相互补充”的目的。妻子的死并不表示对其罪行的报应，而只是引起其夫强烈悲叹的原因。这种强烈的悲伤甚至能驱动丈夫亲赴黄泉之国。在黄泉之国两神的争论其 186
实是关于生与死对立的故事，并非关于夫妇生活本身的。——另外关于嫉妒可参看八千矛神及磐姬的和歌。

9.《长门本子家物语》。

10. 最强调家庭的当数英国人，但是 home 一词本来只有“住家”“土地”的意思，与“内部”的意思并无关系。

11. 在英国更甚，他们称执政党为 ins，在野党为 outs。

12. 这个构造当然是具有风土性的。我们正是把人类存在的风土特性来作为问题提出的。

13. 比如可以不脱鞋就进的地方不会给人以“内”的感觉。所以在公共建筑物中人们穿着脏鞋子就往里踩，更甚者套着木屐就进。

14. 锁与钥匙在欧洲与日本的发达程度是有天壤之别的。欧洲即便还

① 赫克托耳（Hektōr），希腊传说中特洛伊之战的英雄。史诗《伊利亚特》中叙述了其战斗至死的故事。

在中世时，他们制造的锁及钥匙的精巧程度已远远超过了现代日本。与它们相比，日本的门闩和土墙仓房的锁钥可以说是近乎原始的了。

15. 这在现代已演变为国境了，但是虽称作市镇城门，其意义还没有完全丧失。意大利的市镇有些地方甚至还在城门处设置收税关卡监视与郊外的来往交通。

16. 所以有学者极力论说德川时代的忠的概念是错误的，只有对天皇尽
187 忠才是真正的忠。

17. 在个人与全体的关系上，家尤其强烈地体现了个人归属于全体的关系。如果说在家庭里特殊性得到了最大表现，那么这特殊性便意味着个人对于全体的格外明显的归属。同一特性在作为国民的存在方式中也能发现。

18. 参照《日本古代文化》(《和辻哲郎全集》第三卷）中的《上古史概观》。古坟时代意指从西历 1、2 世纪开始到接受佛教影响为止的时期。

19. 德国在 60 年前还是各个封建领主分别支配独立王国的时代，至今余风尚存。

（二）日本的奇特之处

如果有人问我第一次游览欧洲有没有什么觉得“稀奇”的印象，我只会明确地回答“没有”。那里倒有不少让自己深受感动的东西，可要说“稀奇”，则没有一个比得上途中见到的阿拉伯和埃及的沙漠。不过，谁知旅行结束回到日本一看，竟不由得深感日本的稀奇并不亚于阿拉伯沙漠，简直可称世界少有的了。至于究竟是怎样的稀奇？为什么稀奇？便是这里要探究的问题。

本来“稀奇”一词据说来自“赞赏”的意思，可是从日常会
188 话的用例来看，赞赏之意并不在该词的本义之内。比如我们说“冬天稀有的暖和”时，确实会伴随着对暖和的喜爱赞赏之意，可

是说“出奇地寒冷”时决不会有赞赏寒冷的心情。所以稀奇与赞赏应该从本质上加以区分。稀奇的本义是“非人世之常”“稀有”等。它是以“世间之常或者惯例”为前提，在此基础上表现出来的“非常、非惯例”，即“稀有”的存在。通常与惯例若还没有在一定程度上被理解，那么我们便看不到稀奇；同时，即使已经理解，但若只是在按照常见惯例方式存在的东西身上，我们还是发现不了稀奇的。所以对于认为山野的常态就是草木覆盖的人来说，沙漠是极为稀奇的。同样，对于从日本大城市的洋式建筑认识了西洋建筑式样的人来说，按此格式存在的欧洲城市便算不上稀奇了。换句话说，也就是我们尽管在地理课本上学到沙漠里不长草木，可其实并没有真正理解沙漠的状态。反过来，日本城市的西洋式建筑却给了我们对欧洲城市模样的具体印象。那么，说到从欧洲归来看日本便感到异常稀奇，其原因必不外乎下面几种情况：要么是长年居住司空见惯了的日本具有了某些异样，即不同于自己至今视作惯例常识的东西；要么就是日本本身没变，而一直把它按惯例来理解的自己在不知不觉中改变了；或者也有可能并不是其中一方，而是自己和日本双方都发生了变化。这就是 189
说，可能是一年到头居住其中见惯不怪的惯例还是老样子，而其底层至今未被认识且尤为根本的存在同时显露出来，它与原来已经了解的惯例相对比，便属于非惯例的，属于稀有的了。

让我们拿身边的例子来说明一下。比如平时在日本我们看惯了汽车和火车。它们最初的确是从西洋进口或者模仿西洋产品制成的，可是我们日本人今天在这些东西上面很少感到有什么稀奇之处了。因此到了欧洲，对那里的汽车、火车也根本不会有稀奇感。我们倒是十分惊讶他们的出租车是如此之脏，列车是如此之小。无论哪个城市里的列车，除了车窗玻璃的优良性能之外，与我们在日本熟悉的列车相比，只会显得“寒酸”得多。地铁列车也同样，与省际线上的列车相比，给人以微不足道的感觉。其尺寸与重量实际是否真的又轻又小（恐怕实际上的确又轻又小，因为欧洲的哪一个市镇里都看不到像我们街上那种转向车，而且地铁的车厢厢顶又十分低矮）并不是这里要研究的问题。总之我们是这么“感觉”到的，而且那种感觉里面自然没有“稀奇”。不过，回到日本后再看街上的汽车、火车，发现它们简直就好像是麦田中四处乱窜的野猪。火车气势汹汹冲驰过来时，左右两边的房舍
190 就像大名队列[①]通过时匍匐在地的平民们一样，卑躬屈膝低声下气。火车的高度超过一层楼房，宽度超过一间房的门脸，又那么坚固结实，甚至让人担心它一旦脱轨狂奔，房舍将会被撞得稀巴烂，更何况它飞驶而过时往往挟带着欲压垮木造房屋的气势，像这样的列车当然会给人以上述的印象。列车从身边通过时我们就看不见对面的房舍了，只能看到列车顶上的天空。有时甚至连低矮的汽车也会表现得如同庞然大物一般。在一条小巷里，汽车犹若闯进了运河的鲸鱼横梗其中，而且它的确要宽于一家门脸，高于它们的房檐。在欧洲城市里，这些交通工具要比房屋人家矮小得多，它们看起来就像是为交通服务的“工具”，因此也就像为城市、人们服务的侍仆，给人的印象就与它们本身具有的意义十分

① 大名，日本江户时代的大领主，以领地年收万石以上的武士为大名。当其往返于江户和领地时，按其规格配备相应的仪仗和警备浩荡而行，故名之。

贴合。然而在日本，这些“工具”“侍仆”却以专横的气势压过人
类、压过房屋、压过城市。汽车、火车本身基本上是形状相同、大
小相同的，可正因为如此，这些与欧洲相同的东西同日本的房屋
人家、市镇街道等之间产生的奇妙平衡，其实是不平衡，便给人
带来了格外稀奇的印象。我们以前没有感到这种不平衡，甚至在
欧洲真正的平衡中看那些交通工具时，也只觉得它们比较窄小，
而没注意到那里发生了根本性的平衡变化。这便说明了自己从前
没有意识到司空见惯者中的不平衡，同时又是把它当作本该如此
的平衡来理解的。然而如今既已发现了这种不平衡，并认为它是 191
稀奇的，这便等于说从前虽然理解本该如此的平衡，却没意识到
自己眼前就缺少这种平衡，而现在才在真正的平衡基础上看到了
这一明显的欠缺状态。

这里发现的不平衡是日本城市的实际情况，这一点其实早已存在于我们以往痛感的日本现代文明之杂乱不统一当中。但是我们还真是没注意到它竟是如此直接地、以近乎滑稽的稀奇模样出现在每个城市角落中。我们只从方便的角度来看待道路，拓宽它以便汽车、火车的运行，可实际上这正是将汽车、火车和房屋、街道之间的不平衡扩展到道路、房屋与街道之间。新的“城市规划”不断地带给我们新式的气派的道路，其路面宽度、其铺装材料均不亚于欧洲的大城市。不过在欧洲城市，同样的道路两边是高耸对峙的长列房屋。五十米宽的马路两侧有将近一百户人家，故人均拥有的道路面积极少。而要是在日本的城市中，相同宽度门脸的房屋在道路两侧仅有十几家。而且房屋一般都是平展式的紧趴在大地上，只剩下道路兀自向着天边宽阔地伸展。这便为风做了

一条极好的通道，于是它最显著的特征就是尘土漫天飞扬。像这样的道路，如果想把它搞得同屋内的走廊一样清洁，这在风少雨少尘土不扬的欧洲城市，而且在人均道路面积极少的情况下也是
192 一笔相当的经济负担。而要是在日本，多雨、多泥，且因湿度关系盛产尘埃，城市的人均道路面积又多出欧洲的数倍，如果还想做与欧洲相同的尝试的话，那么恐怕要付出十倍的经费才行。像这样极尽奢侈的道路只是宽宽地向着天边展开，左右两边排列着比欧洲寒碜数倍的人家，——这就是日本城市气派的，恐怕是气派过度的道路。道路已不再是为人们服务的交通“工具”，它成了一种奢侈品，强迫人们过着艰苦的生活去努力建设之，而对建设的理由却不明不白。

之所以会产生这样的道路，究其根本原因，恐怕还在于日本城市那宽旷、平坦的构造上面。如果纽约是城市中因高度而弊病百出的国际性例子的话，那么东京大概称得上是因广度而问题丛生的城市了。东京的房屋密集处的面积据说相当于巴黎的几倍。其实哪怕面积相同，仅从降水量关系而言，巴黎的下水道设备是不够东京使用的。而从面积角度计算，则更需要好几倍的设备才行，这样一来，为了让东京拥有现代城市的一个基本资格，人们非得付出异常的奢侈不可。换言之，这种宽旷的构造与现代城市成立的必然条件是背道而驰的。这当然不仅限于下水设备，公路与铁路线的超常延长，电线及煤气管道等设施数量的异常增加，在交通上必需的时间与精力的耗费，可以说这一切都是由于宽旷而
193 产生的。也就是说，日本越向大城市发展，人们的生活将越不方便。尽管经济上和心理上都付出甚多，可生活上一点都不会变得

舒适。这一现象归根结底还是由于城市与房屋建筑间的不平衡所造成的。

那么为什么像这种与汽车、火车、道路以及城市本身都难取得平衡协调的房屋——真是小得出奇的房屋——依然紧贴着地面出现在城市的正中央呢？人们大概会把这归结为经济理由。他们可能会说日本不如欧洲富裕，所以盖不起高层建筑。可是想一想日本的城市由于宽旷的构造而浪费的金额，我们对这一理由就很难首肯了。如果把数十家趴在地上的小房子的建筑费加起来，并计入占地费用，另外再加上前面列举的种种浪费，然后与一座正经八百的钢筋混凝土高层建筑相比，价格孰高孰低就很难断言了。之所以不曾建造这样的高层建筑，并非因为缺乏经济实力，而正是因为人们没有共同营建公共的城市，那么为什么人们不想共同营建自己的公共城市呢？为什么不愿选择这一既方便又舒适同时还能真正发挥城市意义的办法呢？

我认为他们不选这个办法的理由正表现在日本的“房屋”建造上。所以这里要探讨的问题就是房屋的状况。

欧洲城市里的人家，除了富豪之外，并不是人人都占居一处“建筑”的。进入一幢建筑后，左右两边各有一户人“家”，爬上楼
梯，那里左右两边也各有一户，到第五层便有十户了，到第六层就 194
有十二户了，都面向走廊。或者从入口穿过中庭来到另一个入口，那里也有连着楼梯的相同格式的走廊通向同一建筑物的上部。这条走廊可以说是道路的延长，不，本来就是一条马路。这样，通过这条马路就能进入某“家”的门口。那里有“家”内走廊，每个房间的门向着这条走廊。但是，房间的门都可以用锁封闭起来，而

房间之间的通路也可以封闭起来。因此，只需举手之劳，各个房间就能独立自成一“家”。不属于该家庭的人可以不烦扰该家庭，就能在一个房间住下一个“家”。因此，“家”内走廊也能获得马路的资格。比如邮递员为了把挂号信件送到房客手中，他要穿过该建筑中的走廊，再穿过“家”内的走廊，然后来到收信人的门前。这便清楚地显示了走廊的马路意义。不光是邮递员，还有书店的学徒、搬运工人、百货店的办事员都是这样来往。日本家里的“大门”在这里已移进了个人的室内。这样一来便意味着马路一直通到个人的房间前。个人则直接与马路，进而言之即与城市相接触。

不过，也可以反过来考虑。一个人往往以待在自己房间或自己家里时的通常装束走到走廊上，在那里就往头上扣一顶帽子（不戴也可以）便走到了外面另一条走廊。然后下楼梯直接以这副样子走到楼房外的又一条——“走廊”。这是因为那里有一条
195 铺着柏油的通道，常被水冲洗，并不比楼房里面的走廊更脏。（相反，楼房里的走廊有时要比这条柏油路更脏。）唯有一点与楼房内走廊不同的是那里能看见头上的天空并且冬天没有暖气。人们经过这条马路去饮食店吃饭，或者到咖啡店叫上一杯咖啡边听音乐边玩纸牌。这与在一个大家宅中穿过长廊去餐厅或去客厅并无相异之处，而且这还不仅限于以一室为家的单身者，一户家族平常也是这样活动的。正像日本家庭的成员们聚在起居间里聊天听收音机一样，他们则去咖啡店听音乐玩纸牌。咖啡店就是起居室，马路就是走廊，从这点上讲，整个城市就是一个“家”。个人只要带上钥匙跨出把自己与社会相隔的一道门关，那里就有共同的餐

厅、共同的起居室、共同的书斋和共同的院子。

这样一来，走廊就是马路，马路就是走廊。两者之间根本不存在截然区分的界限。就是说，“家”的意义一方面缩小成了个人的私室，另一方面则正是扩大到了城市的整个范围。即，“家”的意义已经消失。家消失了，只剩下个人与社会。

在日本却明显地有着“家”。走廊从未变成马路，马路也从未变成走廊。作为界线的“玄关”[①]或者大门入口严格地分隔着走廊与马路、里面和外面。我们走进“玄关”时需要“脱”鞋，走出玄
关时需要“穿”鞋。邮递员、办事员们不能进入这道关口。咖啡 196
店和饮食店都属于“**别人**家”，人们决不会有把它们当作自家餐厅和起居室的意思。家里的餐厅与起居室终究是私人所属，不带有公共性质。

日本人就想住那样的“家”，只有在那里才能得到放松。不管它多么狭小，只要具有那种“家”的资格的住房，就必然成为人们追求的目标。那么它让人们如此执着不已的魅力究竟何在呢？“家”截然地分开了外面的城市与自我的世界，但在它的内部却全然没有房间的独立分隔。纸隔扇和拉门分隔着房间，但它们从不上锁，即它们从来不曾具备有意识地表现防御、对抗“间距”的性质，而且也没有这种可能性。因为在想打开它们的人面前，它们是根本无力抗拒的。更何况它们在某种意义上发挥的“间距”作用也是建立在相互信赖的基础之上的，即通过关闭所体现的“间距”意思经常得到他人的尊重。也就是说，在一“家”之中，

① 房屋或寺院的外门。日本通指房屋的正门或大门。

人们不会有必要觉得应保护自己对抗他人，换句话说，即自己与他人之间没有“间距”。门锁体现了针对他人而欲保持“间距”的意志，而纸隔扇和拉门则毋宁说既表现着“无间距”的意志，又在“无间距”之上担当着分隔房间的作用。可以说，它具有的意义只相当于一个西式房间中置放着的屏风。用锁进行防卫的个人
197 在“家”中便被消解了。像这样，一方面包含着内部“无间距”，同时又通过各种变形的锁钥（其中还包括高围墙和吓人的倒杈桩等）来对抗外部，这正是日本式的“家”。如果说它有魅力的话，那么这种魅力恐怕正是那个小世界内部的“无间无隔”吧。

但是可能有人会问，这种小世界不也可以存在于西洋式的长排房屋中吗？可是那种西洋式的长排房屋不但建造时需要共同合作，其存在还要考虑到房客的共同态度。即使在邻居之间隔着走廊互不往来的情况下，它仍然是一个组织，人们免不了经常要共同使用暖气设备、热水设备和电梯等。像这样的“共同”正是令日本人最为不安的，其明显标志就是总的看来日本最不可逾越的“距离”在于家与外面世界之间。在欧洲最坚固的“距离”过去是围绕市镇的城墙，现在是国境，而在日本这两者都不存在。桃山时代前后各地的城下町[①]开始在周围建造壕沟和堤防，但那是一部分武士估计到其他武士的攻击而作的防御工事，而不是该市镇向他者表示的自我保护意志。在日本，相当于欧洲市镇城墙的正是住宅四周的篱笆、围墙和门锁。因此，欧洲人是在城墙以内长期接受的训练，日本人则是在篱笆以内更小的范围里接受的。

① 以封建制领主的城楼为中心而发展起来的市镇。

城墙内部，人们团结一致共同对敌，联合一切力量保卫自己的生 198
命。危及公共利益不仅意味着对邻近的人们有害，而且也意味着
危及自身的生存。于是公共性便作为一种生活基调制约了人们的
所有生活方式。义务意识在一切道德意识的最上面。同时，覆盖
了个人的这一共同性又唤醒了强烈的个性，个人权利便作为义务
的另一半与义务同样处在意识的前面。所以，“城墙”与“锁”是
这种生活方式的象征。然而，在篱笆墙内部的小世界里，那里的
共同性并不是用来对抗危及生命的敌人，而是建立在能轻易引起
献身精神的自然情爱之上的东西。夫妇、亲子、兄弟——这些关
系中爱情要在义务意识上面，个人心甘情愿地抹杀自己而在那里
感到生活的满足。如果说共同性是在有了“个人”以后才会发挥
其意义，那么在个人心甘情愿抹杀自己的这个小世界里，共同性
自然不会得到发展。因此人们既没开始主张个人的权利，也不曾
自觉到对公共生活应负的义务，而是发展了一些符合这个小世界
的纤细心情，诸如“体贴”“谦让”“关照”之类。这些都只在小
世界内部通用，面对外部世界时它们都显得软弱无力，所以其另
一面伴随着一种认定一出家门便四面临敌的非社交型心情，因此
说“家宅”四周的篱笆墙正相当于城墙和锁。于是，对“家”内
的“无间无隔”要求越强对共同性的嫌恶也就越大的理由便明显 199
可见了。

日本社会的欧美化现象的确十分显著，可是不管它有多么显著，只要那个“家”还顽强地紧趴着城市的地面存在时，即世上少有的那种不平衡还存在的时候，它还不会从根本上脱离过去的基础。有人身着“洋装”，穿着“鞋”走在“柏油马路”上，行动

有“汽车”“火车”，工作在“洋式建筑”某层的办公室内。那里有“洋式家具”“电灯”和“暖气空调”，他也许会反问，这哪里还有日本的影子呢？可是，等他在那里用“钢笔”写字，在“洋式账簿”里记下一些东西之后，不还得回“家”吗？什么呀，家也是洋式建筑，也许他会说。确实如此，那外形是西洋风格的。然而，那里不还有门、有篱笆、有玄关，更滑稽的是在玄关不还得“脱鞋”吗？日本式“家”的资格在那里一样不缺。问题不在家的大小，而在于存在方式。人们如果在欧洲城市里想住一个有这种资格条件的家，那他首先得是个富豪。若欧洲城市里一个人的收入可以支付居住在长排房屋中不算上等的一间，那么他在日本便能够不很费劲地拥有一所具有上述相同资格的家宅。这是什么原因呢？这是因为名曰西洋建筑的这种日本式的“家”从根本上丝
200 毫没有发生欧化。

再进一步追究一下这个穿着“洋装”住在“洋馆”里的人吧。他在他家的洋房前院植上草坪铺上花坛，时不时还叫来花木店的人做一些整修，这样好让他与他的家人在那里观赏享受。然而他对街上的公园却一点也不关心。公园在“家”之外，所以是别人的。几乎所有的人都把它当作是“别人的东西，而不会作为“自己的东西”来加以爱护。说是市政府经营，那便意味着除了被委托经营的管理人员之外，谁也不会对此表示出义务感。于是，城市的公共事业因受不到一般市民的关心，便任由少数不诚实的政治家来插手，这样一来，便出现了各种各样的违法行为。但是住在洋房里的人因为那是自己的“家”外事而决不认为与自己有关。他作为住上了洋房的新现代人，对孩子的教育是热心的，如

果孩子满不在乎地干了坏事，就会全力以赴地去解决；然而对于政治家在公共事务中干下的坏事，他则不会表示出百分之一的关注。甚至，即使他看到由上述政治家统治的社会因经济弊病而危机正在逼近时，他也会觉得那是“家外”事，还认为大概会有什么人对此负责的，从而便连一丝明确的态度也不表示，即社会的事情不关己事，这就说明此人的生活其实压根没有被欧化。

与洋装同时出现的日本议会政治依然是滑稽之极，其原因也 201
要归结到人们不把公共问题作为自身问题来关心这点上。因为他们尽力要模仿出自西欧城墙内部共同生活训练下的政治模式，而又缺乏其最基础的训练。对于只知守“家”的日本人来说，不管谁当领主，只要不威胁到他的家，便是个无关痛痒的问题。好吧，即便受到威胁，这种威胁也是可以通过顺从忍耐来防止的。也就是说，不管被迫从事何种奴隶式劳动，也不可能从他那里把“家”内部亲密无间的生活夺走。与此相反，城墙内部的生活如果屈从于威胁往往意味着人们将被夺走一切，所以只能走联合起来斗争防御的道路。这样，前者伴随着对公共事务的不闻不问，具备着较强的顺从与忍耐的性格，而后者在对公共事务上显示出强烈关心和参与的同时，发展了尊重自我主张的意识。民主在后者才能真正成为可能。不光是议员选举在那里才具有意义，而且通常说的民众“舆论”也在那里才得以存在。共产党的示威运动日从一个窗口挂出红旗，而国粹党的示威运动日则从旁边的窗口悬上帝国旗，明确表明其态度；或者在示威运动之际常能欣然以一兵一卒的身份参与其中，并将此视作公共人的义务，这些都是民主主义所不可缺少的东西。然而在日本，民众间没有这种关心。而且

政治只化作某些为统治欲所驱动者的专业。尤其突出的奇特现象是，所谓的无产阶级大众运动其实只是“领导者”群体的运动，被领导者基本不参加或者说只有极少一部分。当然，这并不意味着该运动空洞无物，但由此可以明白，正如日本民众在公园被人
202 破坏时所采取的态度一样，他们把公共事物只看作“别人的东西”，因此对于像经济制度改革这一类公共问题也不会由衷地表示关心，他们所关心的只是如何把“家”的内部生活搞得更加丰富多彩。所以，同议会政治没有真正反映出民众舆论一样，无产大众的运动严格地讲是无产运动领导者们的运动，也没有反映出无产大众的舆论。它之所以体现了显著的俄国性格，是因为俄国的今昔都为专制国家，事实上从未实现过民众参与的政治。它与日本民众对公共的不关心以及非共同生活的态度之间极为相似。所以，这里我们也可以说只有领导者参加的运动这一日本特有的稀奇现象其发生的基础就在于“家”与外部世界的分隔之上。

我们应该还能举出许多根源于“家”的“稀奇”现象。不过它们最终都要归结到那最最平凡的街景，即蹲伏在野猪似的火车面前、又奇特又矮小的“家”上面。我想这正是诸位在日常生活中目击到，并能在心中感觉到其可怜的东西，不管你当时是否有明确的意识。

昭和四年（1929年）

第四章　艺术的风土性 203

一

“任何一个时代或民族都呈现给我们各种各样的艺术形式。而文艺的种类区分及规则之类都正在趋向消亡。不仅如此，从东洋还涌来一批原始的无形式的文学、音乐及绘画。它们虽还带有一半野蛮的气息，但是充满了刚劲坚实的民族活力，宛如欲借长篇小说或二十英尺长的绘画来淋漓尽致地刻画其精神的交战状态一般——在这种缺乏统摄的状况下，艺术家便脱离了规则，而批评家则将其自身的私人情感作为唯一仅存的价值衡量标准。于是，公众成了支配者。从大型展览会场到各类剧场乃至租书铺，纷至沓来的群众对艺术家的名声进行着毁誉褒贬。——像这样无统一嗜尚的状态往往表示着一种时代，即现实的新感觉打破从前的形式与规则、艺术的新形式即将生成的时代。然而，这决不应该是一个长期持续的过程。重新建立艺术与美学思考之间的健全关系，是今日的哲学、美术史及文艺史应负有的任务之一。”

狄尔泰在《诗人的想象力》的开篇中写下上面这段话，是在 204
距今 40 年前。但是细想起来，那时，福楼拜的《包法利夫人》问

世已将近 30 年，而即便从托尔斯泰的《战争与和平》算起，也快过去 20 年了。创立 19 世纪绘画顶峰的塞尚也正逐渐完成自己的风格。狄尔泰所期望的“艺术的新形式”已经生成了，而随着岁月变迁，在现代看来，这些形式也已成了过去。由此，对于艺术的种类之别及规则的忽视也绝非 40 年前所能比拟的了。更何况在这 40 年中，世界呈现出人类自有史以来未曾拥有过的新面貌。全球交通变得显著便利，政治与经济在全世界范围内灵活地互相作用。像这样，所有的文化错综交叉，相互浸染，彼此影响。即便在古老的欧洲文化世界里，由希腊罗马艺术占主导的时代也已过去。倒是非洲一些稀奇古怪的野蛮趣味与石器时代风格幼稚的艺术占领了百货商店的橱窗。保留有日本、中国、印度等古老传统的东洋趣味，均被视为异国情调，也比肩出现在那里。针对这一混沌状态，前面狄尔泰的话语较之 40 年前那个时代毋宁说更适合于现代。因此，狄尔泰自己试图回答的问题对于我们来说依然具有新的意义：“植根于人类本性，即无论于何处都能作用的艺术创造力是如何随不同的民族与时代创造出各种不同的艺术来的呢？”这一设问关系到人类创造的形形色色的文化体系中表现出来的精神生活的历史性问题。“以创造力这一相同形式反映出来的人
205 类本性中的共性是如何同其变异性、其历史本质相结合的呢？”

这一设问显然包含两个问题，即因“时”而异的艺术与因“地”而异的艺术。当然，因“地”而异的艺术就其自身内部来看也具有因“时”而异的形式，两者于紧密结合之中共同决定着某一艺术品的具体特殊性。再说像现代这种国际文化接触频繁的时期，世界几乎已化为“一体”，因此也就是“时”的问题显得比较

突出了。不过，正因为世界貌似化作了“一体”，反而使我们更容易去反省：在世界曾经分成几块，地域差异显著的时代，这种差异是怎样决定艺术形式的呢？进而言之，“地域”的差异与艺术形式究竟有着怎样密切的关系呢？这样，反过来，忽视了地域差异的艺术品其实可能就表明了它只是一种简单的移植，而并非自该“地域”的生活底层培育生长起来的。尤其对于我们东方人而言，只要不把那悠久特殊的艺术传统弃之不顾，“地域”的差异将必然成为艺术关心的焦点。在欧洲也同样，源自美术史、文艺史等研究所产生的最近的艺术学一开始只把“时间”问题作为思考的根基，而把诸如特殊的国民性等问题置于次要地位，如今的趋势已经转变，他们终于逐渐觉察到“地域”问题的重要性，开始把时间与地域的差异放在同等地位上来探讨艺术表达的特殊性了。能走到这一步，或许正是被世界化为一体这种最新形势所促成的吧。我们要朝这个方向缩小问题范围，在此提出以下设问：“根植于相同人类本性的创造力如何‘因地’创造出不同的艺术？” 206

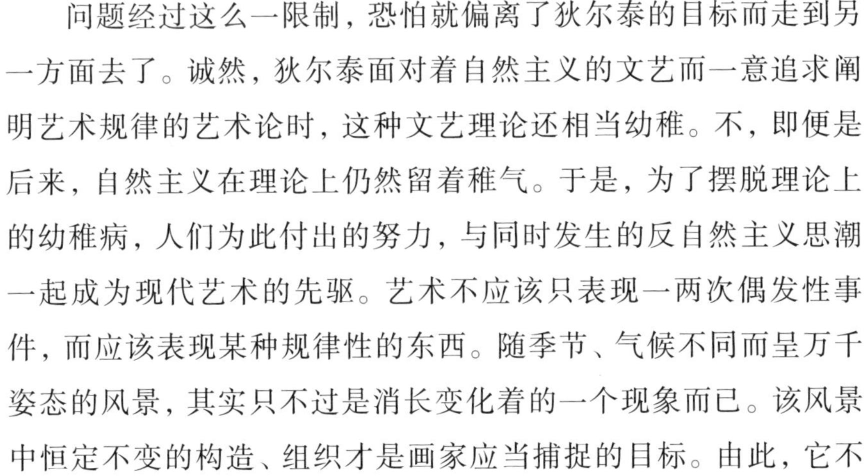

问题经过这么一限制，恐怕就偏离了狄尔泰的目标而走到另一方面去了。诚然，狄尔泰面对着自然主义的文艺而一意追求阐明艺术规律的艺术论时，这种文艺理论还相当幼稚。不，即便是后来，自然主义在理论上仍然留着稚气。于是，为了摆脱理论上的幼稚病，人们为此付出的努力，与同时发生的反自然主义思潮一起成为现代艺术的先驱。艺术不应该只表现一两次偶发性事件，而应该表现某种规律性的东西。随季节、气候不同而呈万千姿态的风景，其实只不过是消长变化着的一个现象而已。该风景中恒定不变的构造、组织才是画家应当捕捉的目标。由此，它不光要通过视觉，还要通过对艺术的深刻体验才能把握得到。忠实于自然，在如今已不成为问题，只有能否表现出像上述那种基于艺术体验的现实才是第一要紧的事。自然是由体验产生的，艺术家不应成为自然的仆役。“所有诉诸感觉的东西无非是象征及比喻”，这一理论多半是受了狄尔泰自己的艺术论影响的，但是结果非但没有产生出伟大的艺术品，反而沦为形而上学，沦为认
207 识论。欲以形而上学的成果来克服自然物象的表面性，这一目标不管是多么值得夸耀，现代欧洲艺术看来也并没有成功地完成这项工作。狄尔泰所憧憬的——艺术论伴随着作品同步繁荣之时，其实在与40年前正相反的关系上，艺术与美学思考依然没有健全地相依相随。狄尔泰对此二者的健全关系是以歌德、席勒时代为模本来思考的，然而我们不得不说他的目标不折不扣地落空了。而且在不久的将来，现代欧洲能否有实现这一目标的旺盛的艺术生产力，至今还是个疑问。另一方面，当我们只把欧洲看作其中的一部分而放眼整个世界时，就会发现其他带有强烈意义的目标，这些目标对狄尔泰来说恐怕并不重要。人们只要忘掉欧洲艺术就好办了。现代欧洲艺术论仅凭着一点点修正，怎么会很好地适用于东洋艺术呢？这种新艺术论据说是从对自然主义的“憎恶”“诅咒”的反动以及朦胧的漫无边际的预感中诞生的。它凭什么去适合那些与它非亲非故的古老东洋艺术呢？总而言之，这种艺术特殊性以及产生它的精神生活特殊性到底是什么？

这个问题在把东洋艺术称作“原始的”“无形式”“半野蛮”的40年前的狄尔泰那里当然是不存在的。然而，虽说时至今日，情况果真有所改观了吗？他是如何理解“东洋”的，我们无从知

道；但是令他承认的带着一半野蛮气息却充满了该民族“刚劲坚实的活力”的长篇小说也许是指托尔斯泰、陀思妥耶夫斯基的作 208
品。其实对于陀思妥耶夫斯基身上体现的伟大的“东洋”精神，大战后德国小说家赫尔曼·黑塞也是盛赞不已的。由此也可知“东洋”一词是如何被笼统地赋予了“非欧洲的”意思了吧。所谓“东洋”就是“原始活力”所在的地方，依然处于“半野蛮”状态。恋慕东洋的那些人正是由于这种“原始的”生活实景才产生恋慕的。他们说：这种过于忙碌的“文明”生活有什么好的？似乎在为什么有意义的工作匆匆奔忙着，而无数车辆归根到底不过是要把疲于生活的人们送向墓地；无聊的报道仿佛有着重大情况似地争分夺秒地转化成令人眼花缭乱的电文；踩着爵士音乐跳舞，而它只会催紧你的生活节奏；有了一小块似乎能够享受宁静的独处时间，甚至也被收音机所烦扰。一切都丧失了生活应有的深沉、美好和温馨，拥有的只不过是一些机械化了的存在。择一时机不妨离开这文明社会、都市生活的忙碌，出游到非洲、亚洲以及太平洋上遥远的岛屿去看看，那里没有所谓的成熟了的文明，只有自太古以来宁静而健康的生活，展示着人类生活本来的深沉与美好，那才叫“生活”呢。——我们不是不能理解某些欧洲人怀抱的这种憧憬。但是，那只是苦于欧洲机械化生活的人们对“非欧洲的东西”所怀有的一种憧憬而已，并非在积极理解了“东 209
洋”生活之后形成的认识。为什么“非欧洲的”即等于“原始的”呢？比如以日本的生活为例，在丧失“原始性”上毋宁说要超过欧洲。欧洲人的生活虽然都已机械化了，但他们还保留着相当一部分“孩子气”，这在日本人中是根本看不到的。在这一点上，不

如说欧洲人更富有原始的活力。而且日本人在衣食住等所有的趣味上表现出来的崇尚“古雅”、偏好“枯淡”，或者在日常举止中对“客气”“优雅”的体会都是极为洗练而非欧洲人所能理解的。就机械化意义上的文明而言，日本如今正处在追随阶段，但从趣味与道德方面来看，甚至不妨说欧洲才是野蛮状态呢。这正是那些一边恋慕着“非欧洲的东西”一边又在心底视欧洲为世界中心的欧洲人所难以理解的。并且只要这种理解还不充分，因“地”而异的艺术的特殊性问题也就不会在其所具有的重要意义上得到承认。

二

我们的问题是：根植于人类本性而在何处都同样萌发的艺术创造力是如何随不同的地域创造出各种不同的艺术来的。这样，我们需要把问题分成两个部分进行考察。其一，不同艺术如何体现其不同？其二，其特殊性与“地域”的特殊性有何种关系，或
210 曰“地域”的特殊性是怎样决定艺术创造力的？

首先是各种不同艺术怎样体现其不同的问题。这一点我们只要扣住差异最显著的对象去看，比如具有代表性的欧洲艺术与具有代表性的东亚艺术，然后拿出它们各自最明显的特征进行比较，阐明其差异即可。

这里我要选择“符合规律”作为最重要的视点。这是随着近代哲学的出发已被人们所承认的艺术本性。笛卡尔认为，感觉印象上的审美愉悦基于“符合道理”或者“符合逻辑”；接受了这

一观点后，合理美学的集大成者莱布尼茨也试图从隐藏于感官知觉中的“符合悟性”来推导出感觉上的愉悦。诗歌形式的逻辑性，特别在多样化中体现出的统一性，是诗歌提供审美愉悦的根据。美自秩序而出。正是这样，在音乐中阶律准确的乐音，舞蹈中规则准确的动作以及诗歌中长短句整齐的连续，所有这样的秩序条理都带给我们美的享受。视觉艺术上因“比例”产生的美感也不外乎此。艺术创造就是依靠思维结构的统一性来把握宇宙的秩序，与此能力相并列的是，通过结构性造型的试验来模仿具有上述秩序的对象，也就是如神一般创造出某个东西的能力。——这样，所谓“美”，即感性事物中的“逻辑性”的显现，而所谓“艺术”，即对和谐的事物间联系的一种感觉性表现。艺术家对于这些事物间的联系，并非从逻辑的角度而是放在活泼的感情面上，凭感觉来看待的。这样当他们运用自由的创造力进行表现时，由于事物间的联系都是合理的，艺术自然便归入了“规律”的支配之下。

这样的合理美学反映了17世纪欧洲的，特别是法国的合理主义社会状态及人们的态度。然而即便后来该时代的合理主义色彩消褪，人们开始认识到审美与艺术领域的独立性时，这种承认艺术中的合理观点、规则成分的倾向却没有根本消减。甚至在18世纪经验主义审美印象分析中也依然把“多样中的统一”“对称”“比例”“具有相同构造的各部分的结合”视为构成美学效果的要素。就算有人反驳说这些要素的集合并不会构成艺术，因为美学效果本身就是浑然一统的，但是他们同上代人一样承认如前所述的审美形式原理这一事实却是无可反驳的。19世纪当艺术学上的历史方法论从考察人的创造力出发，把心理学运用于解释事实并开始对美的创造力进行分析时，光靠合理主义难以解明的深层体验一下子引起了许多关注。然而，虽说以分析艺术的历史性得出的概念取代了“多样中的统一”“秩序”等抽象定理，但这种统一与秩序还是被理所当然地视为立足于天才创造力之上的**艺术法则**。只不过在遵循着多样中的统一、对称、比例之类的原理制成一件作品时，制作方法中体现出来的作品个性，即它的“样式”的历史性更受人们注意罢了。另外，在心理学方法论不断深入美学意识的研究时，统一性原理是在精神生活的统一上找到其
212 根据的，而跟宇宙的合理秩序并不相关。不过，人们对问题进行如此这般的研究主要还是为了给审美形式原理找出一个合适的依据，而并非对形式原理本身的普遍合理性抱有怀疑。从“合乎感情的形式”之类的角度来认识艺术的本质，并力求脱离审美形式原理而进行独立考察的尝试是直到最近才出现的。

我们在此要提出的问题是作品制作方法的特殊性甚至影响到上述的形式原理这一点。本来，既然艺术的根本原理是多样中的统一，那么无论看何种艺术都不应该发生动摇。但是，“制作”果真只有按照规则才能达到吗？“和谐”果真只有通过对称、比例之类方可获得吗？这里的确还有疑问。这样，诸如这一类的疑问会不会发生，要视有理论紧随其后的艺术作品本身的特殊性而定。

欧洲艺术的代表作品往往具有相当多的合理特征，叫人不得不想到“符合规律”这一面。这种倾向也许有一部分是由那些伟大的希腊人造成的，因为他们一方面拥有开启数学学问的素质，同时又创造出了典范的艺术。希腊艺术之优秀的确可列为世界之

着右脚滑落的衣物褶襞，通常会使我们从衣物重量的印象上来看待自上而下“滑落”的效果。可是这里留下的明显凿痕告诉我们，它的目的显然是为表现凹凸而并没有在自上滑下这点上着意。凹陷处的雕刻粗糙随便，说明与凸部间的平滑连接几乎根本没加考虑。很显然，这里凝聚着的雕刻家的用心，旨在表现不同于肉体承载的，但同样是由内而外流露的生命。所以，这些衣褶尽管附着在肉体上，表现着肉体的丰满质感，但也的确很好地传达了一种与肉体全然异质的东西。这些是在罗马时代的复制品上根本看不到的。肌肤表面上留下的凿痕虽不如衣纹那样明显，但也能从更细的线条或点上看出，它们也是作者之意常在凹凸的表露，它夺去了肌肤表面流淌的平滑感，强调出从躯体内部产生的柔和的隆起。

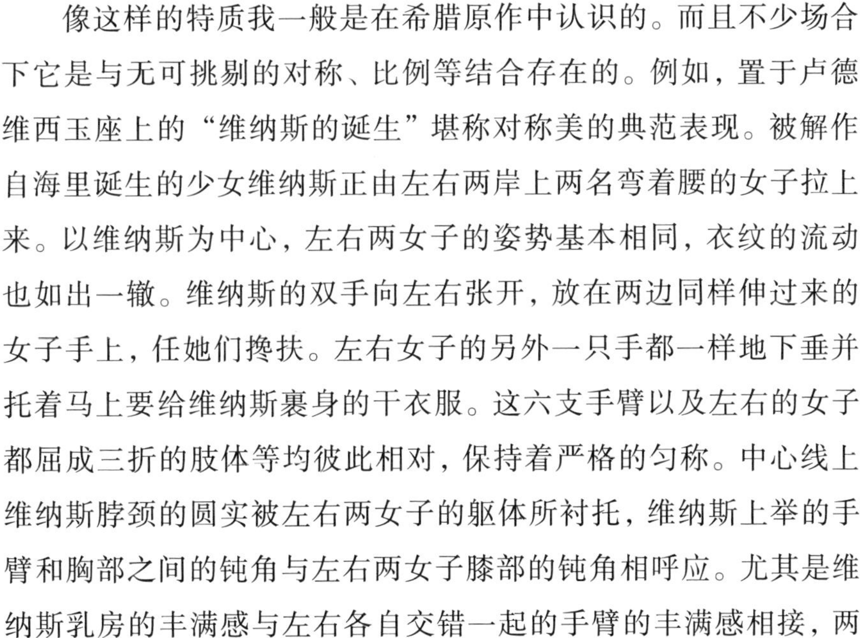

像这样的特质我一般是在希腊原作中认识的。而且不少场合下它是与无可挑剔的对称、比例等结合存在的。例如，置于卢德维西玉座上的“维纳斯的诞生”堪称对称美的典范表现。被解作自海里诞生的少女维纳斯正由左右两岸上两名弯着腰的女子拉上来。以维纳斯为中心，左右两女子的姿势基本相同，衣纹的流动也如出一辙。维纳斯的双手向左右张开，放在两边同样伸过来的女子手上，任她们搀扶。左右女子的另外一只手都一样地下垂并托着马上要给维纳斯裹身的干衣服。这六支手臂以及左右的女子都屈成三折的肢体等均彼此相对，保持着严格的匀称。中心线上维纳斯脖颈的圆实被左右两女子的躯体所衬托，维纳斯上举的手臂和胸部之间的钝角与左右两女子膝部的钝角相呼应。尤其是维纳斯乳房的丰满感与左右各自交错一起的手臂的丰满感相接，两 216

边对称显得十分美丽。为配合这些匀称，所有的细节也保持着严格的匀称：左右两女子向后退的脚，以及脚下踏着的小圆石，还有出现在女子的肩部、腰部及膝盖处的衣纹。确实，这正是因严格的对称而给人以强烈印象的作品中的一个好例子。但是，该作品的主要出色之处仍然并不是它的对称，而是把按对称方式组合起来的各事物的内部姿态尽显于外的雕刻。这种通过由内部形成的起伏来把握物体姿态的手段实在神极了。连嵌刻在角落里的那颗小圆石（这是被磨得十分圆润柔和的小石块，在日本根本找不到，但比如在罗马的公园路边则随处可见，极为普通），那颗小石
217 块都并非只是毫无生机的表面，它也在表现着内心，我们触摸这种小石块时产生的感觉已通过起伏表现出来了。那湿淋淋地紧贴在维纳斯身上的柔软的丝绸与覆盖在维纳斯高举着的双臂上的干衣服，是两种迥然不同的雕刻法，这也表明艺术家对于如何良好地表现衣物的“内质”是深得其意的。更何况那种单纯的肉体雕刻，虽然简单，它们也充分体现着令内在精神尽显于外部起伏的力量。一般说来，这样优秀的浮雕作品只有在领会了用微妙的起伏表现内在这一诀窍的艺术家手中才能创造出来吧。

该雕刻手法的特征其实在巴台农神庙的中楣和人字顶的雕刻中也能强烈体会到。没有人不会被这些雕刻中出现的美丽衣纹所打动，但实际上这些衣纹的雕刻是粗糙的，其中分明能看出斧凿之痕，绝没有想要雕出平滑流丽的表面来，凹陷部分等的削凿非常随便，似乎抱着只要凹下去即可的态度。但是雕刻者却十分注意凹陷的“程度”，这也清楚地说明他们所关心的只是起伏问题。所以，衣纹的起伏感与肉体的起伏感一边明确地显示着不同，一

边又互相牵连交合在一起。如那座有名的“三女神群像”（亦称为无头三女神雕塑），即使那些柔软的衣服缠裹在丰满的女性身体上，可是我们依然能够清楚地分别感觉出衣物的起伏和衣服底
下肉体的起伏。218

希腊雕刻之所以优秀，原因在于它把“内容毫无保留地展示到外面”来了。这意味着除了外部表现，内容其实是不存在的，至于罗马时代的复制品已完全丧失了这一特性。仿制专家们把由内部起伏构成的面理解成平面延展而成的面，并对此进行了细致入微的摹仿，这样制成的面自然变得光洁而清楚，可同时它已变成了**充填**有内容物的面。话说回来，当作样板的希腊雕刻可是什么都没有充填的，因此复制面虽看似有所包含，其实等于是什么也没有包纳。这正是使仿制品带上强烈空虚感的根本原因。而且，一旦这些仿制品因其几何学上的精确比例或对称引来人们的感叹时，本来只是为活着的生命语言充当载体的形式便被抽离了它的中心生命，另外带有了某种意义。

就这样，欧洲式的美术，无论它处在炉火纯青的地步还是尚在肤浅幼稚的阶段，都同样地视“符合规律”为至宝。这在建筑与文艺领域内也是一样的。希腊神殿建筑的伟大体现在它完全把石头这种材料作为有生命的东西来使用，这就使建筑成为有机的整体而不是机械性的构造，连细节都存活在这个整体的生命中。但是希腊人是按照几何学的正确形状建造起这个生命体的。虽然数学规则并不是使这一建筑具有生机的原因，但由于这样的生命
体在完成时具有符合数学规则的形状，这又给“符合规律”本身 219
增添了一层意义。后来，人们按照相同的规则造了许多建筑，但

终于没有建成像希腊人创造的那种有生命感的建筑来。至于希腊文艺的伟大是在其突出的直观性里，人心百态以及各种心理活动都被直观地表现出来了。可是正因为希腊人赋予了这些文艺以工整的格律或依照统一规则制定的形式，以至于人们后来就把符合此类规则当作诗歌的本质加以重视，甚至因此出现了不少符合这种规则的拙劣之作。

所有这些现象都是随着文艺复兴运动中希腊文化的兴起而在欧洲显得异常突出的。可是，近代学问一边继承着希腊学问的传统，一边却较之艺术或解释学更偏于强调数学方面，并在这方面取得了惊人的发展，同样在希腊艺术上它也正是只强调了数学的一面。而且这正是近代欧洲文化的特殊性。所以，认识到审美形式原理并根据它来创作作品的现象也必须结合这一特殊性来理解。近代欧洲人确切无疑是在希腊人的教化下成长起来的，但实际上他们是经过罗马人之手接受了这一教化，并按照他们自身偏爱抽象性的素质对此加以咀嚼的。所以，对于希腊的艺术天才来说，他们始料未及的是与他们素质相异的民族接受了他们的刺激
220 后，竟会在跟他们完全不同的方向上结出果实。

同上面以符合规则为特征的欧洲艺术相比，我们在东洋艺术中则几乎找不出一件符合合理规律的作品。当然那里面也有一定的**统摄方式**，而且其**统摄方式**大概也是根据某一规则形成的，但这种规则并非像数量关系似的具有明确的合理性。那么它的特性是什么呢？

为了过渡到这个问题，这里将取庭园艺术为例。关于庭园艺

术，古典时代的希腊人并没有给我们提供什么典范，但希腊文化时代的东方大都市里人们已经能够利用艺术技巧来制作公共园林了；而到罗马帝国时代，在皇帝的别墅等地的园林艺术得到了进一步发展。不过那与纯粹的园林相比应该说更接近于带有各种设施的游乐场，但其中人工造型的树木、设计成几何学形状的花坛还有式样规整的沟渠池塘等，都配置得极为规则，而构成其框架、结构或中心的也通常是建筑式的、雕刻性装饰。这样我们认为，“由罗马人完成的”说法对于园林问题而言是具有重大的意义的。

从前希腊人没有从艺术的角度来制作园林是因为城市国家的 221
狭窄生活环境不需要它。但这决不等于说希腊人对自然风景不感兴趣。更何况布彻[①]也说过：“过去的任何一类民众都没有像古希腊人那样对外界的美具有如此深刻的印象。”这一点大概也能从希腊的城市国家多建在景致优美的地点上反映出来。雅典的卫城以其雄大的气势及明媚的风光著称于世，而位于意大利内的殖民地如帕斯突姆、陶尔米纳、锡拉库萨、阿格里真托、赛吉斯特等城市，无一不是选择了可观山海或远眺田野的风景胜地。离开海边一段距离的小高地可能是防卫上的必要条件，但是从几个离得不远，且同样具备甚至超过了这些必要条件的地点中人们只选取了景色秀丽之地来看，这叫我们不得不要推测一下城市国家建设者的意图了。比如陶尔米纳从海边仰望，根本看不出它的位置对

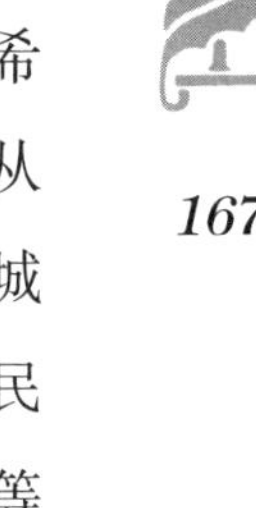

① 布彻（Butcher，Samuel Henry，1850—1910年），英国的希腊学家，曾任爱丁堡大学的希腊语教授、英国学士院院长。《奥德赛》的英译者之一。

防卫有利，不仅如此，反而会让人觉得奇怪它怎么选了这样一个不前不后的场所。但是，一旦上到城市所在的地方再看看，我们就会明白人们选择此地是必然的。它的下方是沿着山脚弯成弧形的白色沙滩，上面意象疏阔地架着欧洲少见的白色的埃特纳山，其姿态十分优美。这一完整的景致只要城市的位置移动四五百米就会破坏。在这块国土上，平原与海滨本来就没有荒凉感，所以虽一任自然，却如同经过了精心修饰一般，人们只需要在适当的位置加上适当的框限进行眺望，眼前即是一片完整的风景。希腊
222 人为城市国家选定位置时便是这么做的。如果说这些证据还不够充分，那我们还可以举出此类城市国家的剧场为证。首先会让我们惊讶的是这些剧场在音响学上的巧妙结构。规模较小的陶尔米纳剧场自不必说，而相当庞大的锡拉库萨剧场也一样，站在观众席最后一排的高处，用我们日常讲话的声高也能够与台前的乐队轻松地对话。然而比起这更让我们吃惊的是从观众席上望见的风景，陶尔米纳的剧场因罗马时代的增建已受到了一些影响，但是从观众席上看去，隔开演技舞台的神殿上方，远处的海水、白色的沙滩以及埃特纳山优美的姿态就像嵌在画框中一样清晰地呈现在我们眼前。在土地相对开阔的锡拉库萨也同样，剧场选在南部靠海的斜坡上，能眺望到美丽的平原与大海及海岬的完整组合。至于赛吉斯特的剧场，它选在一个比神殿山还高许多的丘陵顶上且在与美丽的卡格拉山谷遥隔十英里的临海处，建筑面海展开，当人们眺望赛吉斯特神殿脚下及四周的群山时，大概谁也不会想到此地能看到海，但只要一登上剧场的某个点，便会接触到这块土地所具有的最开阔的风景。像这些剧场的建造，与一般把舞台

尽量同外界分开以便使观众的注意力集中到演技上的做法正好相
反。不过，这恰好跟从前的日本人在节日里爱登上适于眺望的高
处并在那里吃喝舞蹈的习惯相似，希腊人也是希望带着自然美景 223
给予的轻松快乐的心情来欣赏那些出自宗教祭祀的剧目。所有这
些都证明了美好的风景对希腊人来说是不可缺少的，而且城市国
家的生活并没有妨碍它与自然的结合。只是希腊人在热爱这样的
风景之外，没有想把这风景按照理想进一步提高罢了。

然而罗马人，正如他们发明的圆形剧场、公共浴池等所显示
的那样，他们的特征是不顾风景的自然美，只享受人工的创造。
罗马人能用人工的力量打破古代城市想向更大发展时受到的自然
限制，著名的罗马引水渠便是他们工作的象征。不过，像这一类
人工制造的享受，在都会以外的皇帝别墅等地也纷纷产生。因为
皇帝要把城市拥有的一切娱乐机关也为他自己设立齐备：神殿、
剧场、浴场、图书馆、体育场，等等。其中之一就是全面人工式的、
具有几何学形状的园林。人们从这种园林中享受到的无非就是支
配自然的人工之力所带来的乐趣。近代意大利人恐怕是吸收了这
种传统，通过把规则注入自然风景来建立园林艺术。也许由于当
时正值人们出于对自然博物学研究的兴趣，开始建造动、植物园
之际，只是按照几何学的规则来切分自然而已。人们都称赞位于 224
罗马郊外蒂沃利的埃斯泰别墅的庭园是文艺复兴时期最美的园
林之一。它地处的斜坡是俯视一望无际的坎帕尼亚原野绝佳的位
置，而且土地肥沃，水源丰富。不过，该庭园作为园林被人赞赏的
则是它的另一些方面，比如以几何学的直线形或圆形道路分切地
面和植被；利用斜面修筑的石级，也同样用它强烈的几何学印象

支配整个庭园；还有上百米一线排开或根据各种技术组合起来的喷泉让人感觉到人工的支配遍布了庭园的每一个角落。这的确可以说把自然人工化了。但是，由此我们能说自然之美得到了醇化和理想化了吗？排列成行的树木把笔直的道路从立体上变成角度准确的沟渠，这大概代表着几何学的物体形状不用石料而用树木也可制成的例子。但是，从生的植物原有的美并没有因此被醇化。在意大利，自然生长的松树与柏树本来就有整齐规则的形状，说要把这种整齐规则再纯粹化，其实只不过是给树木按几何学加以造型罢了。顺着自然的规则长成的树形，正因为其中伴随着一点点不规则之处，反而更令人感觉到它天生内在的规则。如果连这一部分不规则之处都要利用人工去除掉，那么其所谓的提高和加工实际上远离了自然感，只是人工化。这跟希腊人表现人体的规则比例是根本不同的两码事。希腊人醇化、理想化了人体美，但
225 没有对它人工化。从这一点来讲，没有施加人工的自然牧场或橄榄园只需适当增加些个框围，可以说其美丽要远远超过文艺复兴期的园林。例如蒂沃利附近的哈德良别墅，且不提它作为废墟散发的魅力，而只需把它看作嵌在某个框里的自然景色，就已经要比埃斯泰的庭园更能打动我们的心了。从前，当这处别墅中有许多罗马风格的建筑时，它的意义大概也在于人工技术面上吧，而现在当那些人工都已崩坏，只在它的遗迹上留下麦田、绿草地和野生橄榄时，比人工更美的自然便发挥其自身的魅力了。如此看来，建造人工的庭园其实正等于扼杀自然之美。

与此相对，我们能在日本的庭园中找出自然美的醇化和理想化。欧洲人总认为它与欧洲的自然园林属于同一样式，但其实

近代的英国园林或者所谓的自然园林只是把自然风景规划入框而已，这在活用自然美上固然要远胜于人工园林，可其中注入的艺术创造力却显得过弱。我们老实承认慕尼黑的自然公园是美丽的，但它的美丽实际上等于德国南部田园牧场、落叶林及小河的美丽，而并非因为艺术加工的结果。可是日本的庭园决不是自然的原来状态。与不加修饰也决无荒凉感的欧洲自然相反，日本的自然若按它的原貌示人的话，必然会有杂乱无章的荒凉感觉。
若想在日本制成一片像欧洲的牧场那般整齐的绿草地，就得不 226
断地进行修整，除草、剪草，检查排水情况以及土壤的松实程度等，来不得半点惰怠。因此，在欧洲只要把自然生成的风景镶入一定的框内就能获得的效果，在日本就必须付出几十倍的劳力才能得到。像这样，为从荒芜缺乏秩序的自然中建立起秩序或条理而付出的努力使得日本人在园林艺术方面发现了与欧洲全然相异的原理。若要人为地使自然产生秩序，就不能把人工的东西强加给自然，而是必须让人工顺从自然，人工通过护理自然反过来让自然从内部来服从自己。杂草之类或者一般看来显得碍眼与无用的东西除掉之后，自然就显出它的条理来了。就是这样，人们在荒芜杂乱的自然里探求到自然纯粹的姿态，而且把它再现在庭园里。在这个意义上日本的庭园可以说正是自然美的醇化、理想化，而在制作本身的意义上则又可以说与希腊艺术是同出一辙的。

那么，按这样完成的庭园具有怎样的**统摄特点**呢？简单的如只在土马鬃簇生的平面上植一棵松，或者光散铺一些石块为径即可。（比如大德寺珍珠庵方丈院和玄关前，还有桂离宫的玄关前

等。）这些不具有需要统一的多样性，也可以说它们无非是一些单纯的东西，本来就已经统一了。不过，那些土马鬃自己可不会长成一片的，而正是依靠护理才得以实现的人工结果。但像这样
227 生长开来的土马鬃与修剪得齐刷刷的草坪又不是一回事，它不是单纯的平面。而是一片自底下向上隆起的、**有着微妙柔和起伏的绿毯**。这种起伏当然属于没有人为作用的天然，但正是在人们发现了这种天然的妙处并对它加以呵护之后，才培制出来的。因此，造园师非常注重这种带起伏的柔质的绿与硬质的铺径石之间的关系。铺径石的表面刻磨、形状及其配置——比如表面采用平面，形状定为方形等，其用意并非为了得到几何学式的对称统一，而主要是出于它们与苔藓的柔和起伏间的对照关系。因此在配置时，若苔面为细长的小路，石块就排成直线；若苔面平缓地铺展，则石块就需大小相应地参差散点。这也不是几何学比例上的统一，而是直接影响到我们感情的力量平衡上的统一，亦可称之为“气韵”上的统一。正像人与人之间的“意气相投”一样，苔藓与石块、石块与石块之间的“气”也是投合的，而为使它们的“气”彼此相合，严格整齐的规则一般是要尽量避开的。这样的制作特点在庭园构成物象复杂的情况下尤为突出，不经过加工已姿态万千的自然石、大大小小各种各样的植物、水——所有这一切都要尽可能避开规则的配列，但又要不存一分闲隙地布置组合起来。例如，水池的形状在尽量避免诸如长方、十字、圆形等规则几何图形的同时，也排斥自然池塘那种漫然无秩序的状态。它是将自然在海边、河岸、池畔等极少显现或者只是部分显现的优美姿
228 态作为模本学习的，然后经过总结综合构建出一个美丽的整体，

而且是不露人工痕迹的整体。所以大凡制作出色的庭池，决不是让人一眼就能捕捉住全体印象的，它具有无限复杂的面相，以至于人们无论从哪个方向看它，都常能感到它新的特征。另外，树木也一样，取不同性质形状的品种进行搭配在此显得至关重要，所以关键是必须突出它们在四季变化中的色彩特征：变化较小的常绿树与变化较大的落叶树——落叶树中还有新绿发生时浓淡迟早的区别，转成红叶时还有浅黄深红的差异呢；常绿树虽都称常绿，但有的新芽具有暗金色的光泽，有的新芽又像蕴藏有纯银般的辉亮，还有像松树那样的，越近盛夏青绿色的嫩芽越发地美丽。这些不同品种的树木在它们各自的位置上按其大小布局完后，随着季节迁移不断发生变化，同时又彼此保持着调和。一个庭园若不能够体现这样的制作，便算不得是上乘之作。这些也是人们先以自然山野中偶然显现的调和为范例，然后将它们归纳到并非属于偶然的整体中来的。像这样复杂的制作几乎都不可能从几何学的严密规则中产生，那里即使存在着某种规则，也是人们无法凭合理性可以抓住的东西。所以，在日本的造园艺术方面能够考虑的规则其实就是不讲规则，只是以既成庭园为榜样。

从园林艺术的这一差异点出发，我们便能够容易地过渡到其他艺术的特殊性上去。 229

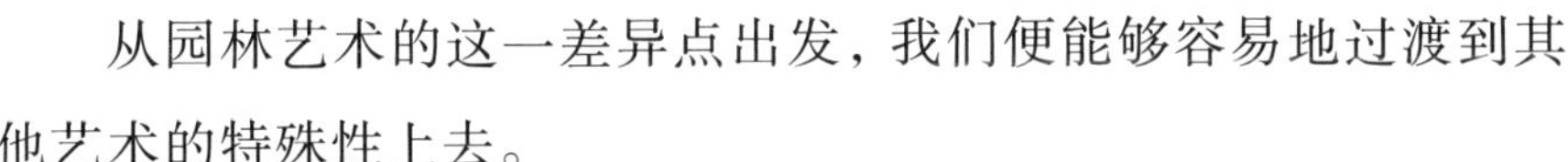

与庭园的制作方法最为接近的是绘画，而且恐怕园艺师从中还学了不少。长方形画面的左上部画着四五片墨彩浓淡不一的竹叶，淡墨的竹竿立在左侧边缘，画面的其他大部分则是空白，只是在稍靠竹叶下面的正中，有一只浓墨勾成的雀儿在飞。这样的构图无论在何种意义上都不会看到有对称法在其中，但能感到那里具有严丝合缝的平衡。什么都没有的空白代表着深广的空间与浓墨的雀影取得平衡，而那只雀儿体现出的力量又与突出在淡墨竹叶中的三两浓绘叶片的力量相呼应。可见每一个实体的位置都是必然而不可变动的，通过这种气韵均衡的关系，即便像这幅物象只占画面一角的作品，也能让人感到它丰富的统摄效果。这一类绘制方法在舶来的宋元小画帖中以及自足利桃山至德川时代的大型隔扇画、屏风画中都大量地出现。梅枝上栖着鸟雀的小画、梅花临水而立的屏风画、贵人御车边上围着人群的小型屏风——在这些作品中，不规则地在画面上旁逸斜出的梅枝及其上面梅花的点配、鸟雀的停栖位置之间有着极为恰当的平衡；或者是，红梅盛开的枝条跟它所对着的水面、假山之间形成恰当的色彩及线条的调和；或者把御车置于画面一端，在巧妙地搭配人物朝向的同时，向着空白的另一侧渐次淡化人群，使构图具有恰当的动感——这一切的“恰当”是一目了然的，但是产生这些恰当的基

230 础规则在何处？我们却找不到。那其实是只凭直觉获得的，且不能有一分差错的“气韵浑然”的结果。

这种绘画制作的特殊性通过工艺品成为我们日常生活中的亲密伙伴。与西洋碟盘、咖啡杯的样式相对比，日本的碟盘与茶碗乍一看可能会觉得不像样，但实际上它们要比规则整齐的样子更有味道，令人百看不厌，实在可以说是于不经意间表现了日本的风格。这些一旦经过艺术提高，便成了像光悦、光琳[1]的砚盒那样

① 光悦（1558—1637年），姓本阿弥，日本江户初期的艺术家。光琳（1658—1716年），姓尾形，日本江户中期的艺术家，受光悦影响极大。

的至宝了。那极度偏离规则但又具有强烈一体感的艺术与不论使用多好的金属却只能产生机械感的墨汁瓶、笔盒相比，自然显示出上述的特殊性来了。

不过，绘画制作的特殊性并非只有按照“气韵浑然”来达成。它只是一种艺术手法，用在表现一眼能望尽的空间内容时，以取代对称法与比例的运用。而我们的绘画上更占重要位置的还是具有时间性提示的特殊制作手法，那就是画卷式的制作。西洋绘画中，哪怕在描绘以故事为题材的连续长篇时，连续的也只是故事内容，作品本身不是一幅幅独立的构图便是由一幅幅独立构图拼凑成的装饰性大整体。然而在画卷中构图自身便是一个随着时间推移的展开。比如，构图由平静开始，慢慢地增加复杂性，终于达到一个无数物象复杂组合的极致，然后再慢慢地归于简单，最终 231
以极其简洁的构图结局，这种手法倒十分类似音乐的展开。我们常常禁不住被这种聚而复散散而复聚的变化移动带来的美感所打动。当然，这类绘画的各个部分即便被单独分离出来，它们可能也具有作为画幅的构图。但是本来这些是作为不断展开的整体中的一部分被画上的，所以某一部分的意义只有放在整体中才能够充分发挥出来。像“伴大纳言绘卷”那样以一个故事为题材的作品自不必说，而像据称出自鸟羽僧正之笔的鸟兽戏画卷或者雪舟的山水长卷那样全然不受题材束缚的作品里，整体的构图展开是被视作头等大事的。随着构图的变化绘画的笔调也自然地发生变化，这可以说显示了画家们对不断展开的整体具有充分的理解。但是在这种展开里面，我们也找不出像音乐里能发现的那种规则性的东西。因为这不是重复相同主题的展开，而是经常要向其他

内容转变但仍作为一个整体归拢的展开。如果想找出一个比喻的话，那么除了充满着非合理契机的生命的统一展开之外，恐怕别无他物了。

在思考这一类特殊的表现手法时，联想把我们带到了“连句”这一特殊的文艺形式那里。在连句里，每一句都是一个独立的世界，但是各句之间又有着微妙的**关联**，使得一个景象在另一
232 个景象内展开，于是作品便有了整体的表现特征。由于句与句之间的展开通常是由不同作者来进行的，所以这也意味着故意舍去一个作者具有的统一想象力，展开的方向毋宁说是由“偶然”决定的。因此，整个作品的完成便是“偶然”的产物，正因为如此，作品反而显得更丰富，因为里面产生了种种曲折，这并非是在一个作者身上所能期待的。那么，“偶然”是如何创造出统一的艺术呢？这里的答案也是气韵相融，而且是人格的气质相合。一席之间的人们如果性气不相投合，好的连句就不会产生。人们带着各自特殊的个性在制作中彼此心领神会，于心灵的交相呼应之间表现出各自的体验。这样的诗歌形式大概是西方人根本想象不到的吧。

除连句以外，还有一些日本文学具有类似的特殊性。利用双关语的描写便是其中之一。内容上看起来没有丝毫联系的事物，但仅通过语言的联想就被一个接一个地联系起来了，比较那种按内容上的逻辑脉络所做的描写，这种做法真是不合理到了极点。可是这样根据联想罗列组成的语言却会在整体上营造出一种强烈的完整的情调。为什么会这样？这是因为它们虽然从语言的理性内容上看起来缺乏脉络，可是从感情内容上看却是相互牵连着

的。在《太平记》以及近松[1]戏曲等作品的私奔场面中很容易找出这种描写的代表性例子，但其实甚至以描写现实闻名的西鹤[2]作品中也有异常明显的运用。例如西鹤在其作品中随处运用了 233
连句式的描写，前一句话的感情内容从其理性内容处独立出来自行引出下一句话，这便是语句的连锁。西鹤作品中有不少这样的连锁，代替了对事件的直接描写。像这种语言的点描法，也只是在不看理性内容的逻辑脉络，只在气韵上感到语言脉络的特性之后，才会成为可能。

这种特征在重视韵味的表演艺术中，如能乐、茶道、歌舞伎上面也都能找到。甚至连远到继承了希腊传统的佛教美术也具有几个这样的好例子。日本人本来就是世界公认的具有艺术气质的国民，而且实际上还拥有通过直观形式表现内在感情的出色能力。但是，与希腊人通过观看来感受的过程相反，日本人是通过感受来观看的，这一点差异不能忽视。并且，在这一特殊性方面，日本与中国及印度是相通的，所不同的只是由气韵决定的表现手法，而从这点来看印度的艺术简直是完全不同的世界，如裸体像混沌成群的阿玛喇乌提浮雕，无数尖塔杂然聚集的印度殿堂——

① 近松门左卫门（1653—1724年），日本江户时代歌舞伎脚本作家。原名杉森信盛，生于武士家庭，写过不少反映社会时事的剧作，多取材于封建战史、贵族小说、日本和中国的神话故事，对歌舞伎艺术的发展有很大影响。代表作有《倾城返魂香》《曾根崎殉情》《俊宽》等。

② 井原西鹤（1642—1693年），日本江户时代诗人、小说家。原名平山藤伍，号二万堂等，生于商人家庭。其小说内容多反映商人和市民阶层的生活，突破过去以贵族、武士生活为中心的文学传统，为日本浮世草子的创始人。主要作品有《好色一代男》《好色五人女》《日本永代藏》等。

从这些当中能见到的表现手法既不出自于合理的规则，也不是由如上所述的气韵所决定的。我们说不出那到底是什么，但也许只能说它是在压倒了合理性又麻醉了感觉之后所获得的结果吧。

234 我们用“符合规律”的视点比较了东西方的艺术，而且证明了它只是西洋艺术的特性而并非东方艺术的特性。除此之外我们当然还能选择其他的视点，特别像“人文主义”之类。但是为了不把问题搞复杂，在此只保留上述视点。我们进而要讨论下一个问题，即上述特殊性与“地域”差异有什么样的关系？

三

关于“地域”差异与艺术特殊性的问题，情形是这样的：越是把“地域”往细处分，两者关系就越容易变成式样风格的细节问题；而越是把“地域”差异朝大的方向扩展，便似乎越能触及艺术的深层特性。从这一点来说，前面已经阐明的艺术差异与东西方土地差异的关系应该说是把问题放大到了极限。

东洋与西洋，让人感到它们最大的差异是“湿气”。在受到季风影响的印度、中国与日本，暑热的季节是雨季，这时候所有的植物饱受着水分和日光，生长旺盛。降水量大致是欧洲的三四倍乃至六七倍，空气中的潮气也很多。与此相反，阿拉伯、埃及等近东地区是极度干燥的地带，没有特殊条件的地方几乎全是沙漠，山野只现出一副没有植被的骨架。也就是说，欧洲人眼中的东洋是湿润与干燥的两个极端。欧洲的雨季在冬天，不仅降水量少，
235 而且也因此使得空气中没有过多的湿气；夏天的干燥期只是让地

中海沿岸的绿草枯萎而已。但正是因此，生长顽强的杂草便不会过于繁茂，而不久10月的雨水到来时则能使柔嫩的牧草生长，在日光较弱的中北欧连这样的干燥都不存在，因此一年到头都生长着嫩草。

这样，湿气与日光的关系塑造出了极不相同的自然风貌。在湿润的东方，丰富的日光与水惠泽着植物，但由于同样的原因造成的暴风、大雨及洪水又时时危害着植物。所以，在湿润环境中的东方植物一边旺盛地生长发育着，一边又经受着蹂躏与扭曲，呈现一片杂然不驯的姿态。人们都说日本的风景美丽，这主要归功于富有变化的小规模起伏、鲜明的色彩还有大气的浓淡层次，而并非因为植物的形状温顺。如果光着眼于植物的形状而言，那毋宁说是粗糙杂乱的风景。相反在欧洲，根系顽强的杂草不会像在日本那样四处蔓生，因此柔嫩的牧草温和地覆盖着大地，树木不知风暴之苦只是整齐地挺立着。这真是非常温顺的感觉，人们自然会从中体会到秩序的整齐。

湿气又塑造出极不相同的大气感觉。在日本，我们平时遇到的晨雾暮霭或者春天的烟霞都是大气呈现的丰富变化。大气的这种浓淡不一，一方面叫人感觉到季节、时刻的不同，或者产生慵适、爽快的心情，另一方面又使风景本身平添几分浓淡情趣，可见具有非常重要的作用。然而缺少湿气的欧洲大气即便能制作出 236
单调的烟霭雾气，但其变化不多，也不会因此给我们的心情带来细腻的浓淡变化。单调的阴天是北欧的特征，单调的晴天是南欧的特征——这种单调的确可算是欧洲的特征了。这另外还与气温变化密切相关，寒暑表也显示欧洲一天之内的气温有高有低，但

那仅仅是物理上的事实，而在我们的心情上绝没有那么显著。潮气与温度的相关关系引起的种种现象——比如夏天傍晚的凉快与早晨的清爽，秋天中午的和煦与黄昏时分的轻寒之间有着令人心情骤然起落的剧烈变化；甚至在冬天往往是寒冷切肤的清晨之后会有小阳春的洋洋暖意——像这样富于变化的现象我们是无法在欧洲体会到的。北欧的夏天热得十分温和，几乎穿着冬衣也能过去，但是太阳下山之后既不会产生凉爽之感，人们的心情也不会有像阵雨过后顿时神清气爽的变化。说得稍微夸张些，那就是数月如一的单调的夏天心情，连已经习惯于单调的欧洲人也渐渐感到不堪忍受而想要换个地方来脱离单调之苦。到了冬天，昼夜温差不大，零下几摄氏度的大气只是静静地沉淀着，寒冷让我们的身体紧张收缩，这不管在零下三度或是零下十度给我们的感觉并没有什么区别。偶然碰上个晴天，可即使走到向阳的好地方，那阳光也如同月光般一样没有丝毫暖气儿，所以背阴面与向阳面根本没有区别。这可能要比日本那种朝南向阳处热乎乎，可一步踏
237 出门外便寒风刺骨的冬天反而好过得多。不但如此，它可能还会刺激人们的意志去征服寒冷。所以，人们努力试图在人工营造的温暖中通过人工的种种刺激来克服这种单调。

像这样的气候特性其实要较我们自身意识到的更多地渗透交织在我们的体验深处，连植物都显著地反映了这一点。在日本，我们看到的新绿几乎让久盼春天的心情还来不及尽兴地注视，那鲜嫩的颜色便迅速地成长变色了，柳树从刚刚吐芽到绿叶竞繁也实在快得让人有匆忙之感。然而，看欧洲的新绿感觉恰如注视钟表的时针，新芽当然在成长，一个月过后也会有相当的变化，但决

不会出现令我们的心为之怦然一动的变化。红叶也是如此，8 月
中已显黄意的树叶开始啪拉啪拉作响，但是没有光泽的墨绿色依
然阴郁地挂在那里，然后不知不觉中绿色渐渐褪去向着浅弱的黄
色转变。直到 10 月下旬所有的落叶树都变黄的过程中，几乎不曾
见过让我们叹为观止的美丽。在日本，由于夜间气温的剧变，初
霜降下，一夜间树叶变尽颜色，类似这种鲜明的变化在那里是绝
对看不到的。植物身上表现出来的这种与气候的关系，转过来也
可以说是我们心情的写照吧，当我们置身于欧洲人中间时，就会
惊诧自己竟是个极度要求心情细腻变化的人了。习惯了单调的欧
洲人正像不慌不忙的树木新芽一般不急不缓，就连欧洲人中据称 238
最易兴奋的意大利人也决不会追求心情上的细微变化，尽管他们抑
扬顿挫的语言及动作十分富有变化。当然，欧洲人的这种不慌不忙
并不是像禅宗高僧修得的那种根深蒂固的沉着性格，他们所具有的
只是一种对单调心情的习惯，也即是心情的持续性而已。与此相比，
我们则格外要求日常生活中各种各样的浓淡阴影，甚至会因夏天听
不见蝉声秋天听不到虫鸣而深感失落。日本人相当忠实地移植了近
代欧洲文明，但在衣食住方面结果还是没有彻底实现欧化，而是对
和服、米饭、榻榻米依然不能放弃。究其理由，也许是这些东西与
季节及朝夕时令相应，最能够体现心情的变化吧。

气候特性不仅仅从心情上而且从实用意义上也决定着人们的生活。举个显著的例子，欧洲的农业不需要与野草抗争，又不用担心洪水暴风，也不会受季节迅速变化的催赶，显得特别悠长。根据那里的湿气情况也不需要制作田垄，大片撒播的麦子自然就熟了，黄熟之后还会静静地在田里再待一个月左右。7 月底悠悠

然地进行麦收的农民们到 9 月初还在悠悠然地继续。与此相比，
日本农民的劳动就其忙碌与艰苦程度来看就根本不可与之同日而
语了，他们要在旬日之间割麦种田，过上不久还要在大热天中到
水田去除草，还没等喘口气又要为台风暴雨等人力不可抗的自然
239 淫威焦虑发愁。所以不光如此，两者在同自然相处的态度上也必
然大相径庭了。对单调温顺的自然具有征服姿态的欧洲人用人工
支配土地的每一个角落，并且为使其支配更加容易，他们便不断
地专心研究机械；而在东方，自然充满了暴力，使人们不敢期望
对它的彻底征服，他们只考虑要利用自然暴君的另一面，即充足
的日光与潮气去生产丰富的作物，对他们而言，与其思索人工的
手段，不如巧妙地把握并利用自然本身的力量。

像这样，在自然与人类的交往中，自然的特殊性转化成人类
生活的特殊性并反映出来的事实恐怕是谁也无法否定的吧，当人
类发现自身是自然外界的对立面时，人类便已经把那自然的特殊
性看成自己的特殊性了。自始至终的晴朗和干燥使希腊“白昼”
的明亮不存浓淡之分，不久便反映为一切现象都毫无保留地呈现
自我的思想。自然的温顺性格——少湿晴暖的大气、柔嫩的牧草
以及表面光滑的石灰岩，形成了自我保护意识稀薄的开放型希腊
衣装，形成了裸体竞技和人们对裸体像的爱好。这并非意指自然
现象在白纸一般的人类精神上所引起的特殊结果，人类不曾有过
240 与周围自然分离的白纸状态。希腊正午的明亮感自始就是希腊人
的明朗，希腊自然的条理性从最初就是希腊人的合理倾向。所以
我们必须看到自然的特殊性其实是属于该自然中的人类精神结构
的问题。

这样，诸如东洋与西洋之类的地域差异便意味着精神构造的差异，它不仅仅关系到艺术特殊性的问题，而且还同物质的生产方式、世界观及宗教形式以及人类的一切文化产物相关。我们最初简单地表述为“湿气”的东西，其实不是单纯的气象学上的现象，而是使东西双方彼此区分人文中心的理性与静观的生活态度这一精神构造上的一个原理。比如一方面是高度意志性的实践式的生活方式，它是在孕育出坚定的人格神信仰的干燥沙漠中形成的；而另一方面是高度感情性的冥想式的生活方式，它是在相信众生同一的湿润地区出现的。当然，这些都会随着历史影响移向其他“地域”。例如，诞生于沙漠生活的《旧约全书》似咒语镇住欧洲人长达千年，而同样出自沙漠的《古兰经》在现代印度保持着强大的势力，这些都说明了“地域”特殊性不是绝对的。但是即便如此，如果不了解沙漠生活的特殊性，是无法正确理解《旧约全书》与《古兰经》的，而缺乏这种理解也许反而会给这些文化遗产增添一道神秘的光环，而我们却不能因此认为特殊性的理解已没有意义了。

不过，我们的问题只是关于艺术的特殊性。正如“地域”的 241
特殊性意味着精神结构的特殊性一样，它还意味着艺术的，亦即艺术家想象力的特殊性。艺术创造力本身是根植于人类的本性中的，它的本质应该不会随“地域”差异而出现两样；但是只要当它作为具体某个艺术家的创造力出现在某“地”时，它必然会把该“地”的特殊性变为自身的特性。波里克拉蒂斯制作比例正确的人体雕塑时，正是他内部迫切需要表现的体验向外面的迸出。他平时看到的人体被他的想象力进行了再创造，并加以提高

和类型化，即使不存在于现实，但在他的体验中却以生机勃勃的形象释放出来。这个过程在作者雕塑胴体细长、没有肌肉的推古佛[1]像时大概也一样。可是，对波里克拉蒂斯而言，在他对人体的丰富经验中，是人体上微妙的数量关系深刻地触动了他的感情，刺激了其想象力的质变。假如他所注目的人体不具备人类当中最规整的形状，假如周围没有温顺的自然允许那些人体赤裸自由地玩耍并让他们自觉到是自然的中心，那么这种规则性恐怕就不会诱导出想象力的发挥了。（如果说像这样完美无缺的人体产生于《荷马史诗》中所歌颂的骑士时代的长期体育运动的话，那
242 么我们便需要研究以名誉欲、冒险欲为中心的骑士时代的生活也许不该出现在爱琴海沿岸的温顺自然里，而是否有可能出现在受自然严重威胁的沙漠中这类问题了。）艺术家的体验为规律所驱动是因为其体验中包含着自然的规律。在同样具有赤身露体习惯的人种里面，印度人的想象力最缺少规律性。反过来，人们可以从其饱满横溢的，以致无秩序的自然力和自然样态上去理解之。

这样，我们看到自然的合理性与非合理性的任何一方的显著突出都会造成艺术上的明显不同。这也正反映了人们对待自然的不同追求。在欧洲，自然被视为“能被征服者”，人们只是想发现它的规律，特别是典型的欧洲式诗人歌德那种怀着热烈的博物学兴趣对待自然的态度简直令我们惊叹不已，人们把对无限性的要求只诉诸神而不诉诸自然。即使在自然最受到尊重

---

① 日本推古朝时代（592—628年）的佛像作品。亦称飞鸟佛。

的时代，它也至多被认为是神的创造，或者是神及某种理性的表现。然而在东方，自然因其非合理性而被视为根本不可能征服的东西，而且其中存在着无限深远的意义，人们从那里寻求安慰寻求救助。特别是日本的诗人芭蕉，他纯粹是从审美的、伦理的甚至宗教的角度来看待自然的，而并没有露出一丝求知的兴趣，与自然共同**生存**是他所关心的问题，所以其自然观所照映的目标便是宗教式的解脱。这一切都是在有了东方自然那不可揣度的深 243
邃之后才成为可能的。人们通过自然反映自己，从而认识到那里有条道路通向无限深远的形而上学。杰出的艺术家在其体验之上抓住了这一通路，并试图把它表现出来。即便是一幅风景画，对画家来说也绝不是想通过自己的体验来捕捉风景内部的“规律”“不变的构造”，而是想把风景当作单纯的象征来表现无限深邃的东西，正如高明的禅僧用简单的写景诗表达解脱的心境一般。当然我并不是说凡是东方的艺术家都深谙此道，只是想指出一点，从东方自然的粗糙、不规则和丰富中学到了精髓的艺术家，其“气质”中有着这种无法在欧洲艺术中找到的强烈的意向表现。

这些都已是过去的事了，在世界仿佛合为一体的今天，不同文化的刺激似乎正呈现压倒自然特殊性之势。但是自然的特殊性决不会消失不见，人们在无意识中依然受到它的制约，根植在它里面，甚至连那些最勇于从过去的传统中解放自己的俄国式日本人，也在其运动的急躁与亢奋中暴露出日本的国民性，想克服富于变化的日本的气候恐怕要比克服资产阶级思想更困难。我们必须要学会领悟生于这片风土的宿命性意义，并去热爱它。负有 244

这样或那样的宿命本身既不代表着“优越”也不意味着“冠盖万国”，但是我们毕竟能够通过对它的扬弃和活用，使这一不为他国国民所共有的特性贡献于人类文化。这样，地球上各个地方千差万别的特征才会显示出其意义来。

第五章　风土学的历史考察 245

一　赫尔德之前的风土学

风土问题往往在历史家的直观上发挥着有力的作用，古代近代皆如此。因此，历史讨论总把它看作理所当然的问题，而近代的历史哲学则不这么做了。

在近代特别提到了这个问题的是在历史学与精神科学上具有划时代地位的赫尔德。正是在那个启蒙阶段的合理主义文化解释以及由悟性目的概念引导的历史叙述等大流行的时代，他认识到了各个国家国民各个时代独自的价值，并将此与风土联系起来进行了考察。而且这一切都是在自然科学方兴未艾、认识论只在自然科学基础上被探究的时代进行的，故而具有非常重大的意义。在他之前，自然环境与历史（或曰命运）的关系问题是在无意识的混乱状态下被处理对待的，即不分自然科学式理解与人文科学式理解。是他克服了这种混乱，并力图在人文科学方面提出这个问题的。

这样就有必要先概观一下他之前的风土学研究情况以阐明他所做的工作的意义。

246 近代历史学中作为主要问题的“发展”这一观念据说在古代是不存在的，相反，人们对于各类国民的特殊性却已有了充分的认识，并且他们认为该特殊性主要受风土的特殊性所制约。这种观点在希罗多德和修昔底德那里也已有散见，不过把它归纳成为一种理论的是以医学之祖称号而闻名的科斯岛上的希波克拉底（Hippokrates，公元前460—前377年）。当然，事实上他并非“医学之祖”，在他之前医学、生理学已经存在了。只是他在这些材料前面排斥了抽象原理，抓住**其经验里面具体出现**的人，通过归纳各个特殊情况，试图建立起一个健康与疾病的关系法则。不过他虽然从特殊出发，却没有忘记学习自然哲学家所运用的普遍方法论，在普遍条件下给特殊分类是他的主要努力目标。从那开始，他才特别注意起风土和地域问题。以他的名义流传下来的许多著作中，毫无疑问真是他所作的只有极少数的四五部，但里面就有探讨风土的《空气与水与地域》（*De aëre, aquis, locis*）。该书据称是他的著作中最有意思的一部，而且因此赫尔德把他叫作“论及风土的主要作者”。

247 希波克拉底认为风土是根据寒暑程度及其变化大小来影响人体的，并且空气的湿润干燥还对呼吸难易、血液循环的快慢、肌体的弛缓活泼等产生结果。所以对某一种特殊风土的**习惯**便决定了某个民族特殊性质的形成。比如忍耐心强还是不强，生性怠惰还是活泼好动，容易兴奋还是偏向冷静，性格勇敢还是怯弱等。同样，土地的特殊性还从审美的方面，或者当作食物的特殊性同人们的心情及肉体的特殊性相关联。基于这种观点他对亚洲人与欧洲人进行了比较，这作为与亚里士多德的“市民特性”论[1]相关联的研究，十分有名。按亚里士多德所言，生活在北方的寒冷风土或者欧洲的民族，虽活泼勇敢但智力和技术欠缺，而亚洲民族富于智力和技术但性格怯弱；然而古希腊民族正如他们“地”处中间一样其特性也属于中间，即勇敢与智力兼而有之。与该观点相同，希波克拉底也认为亚洲民族性格平静、不好战争是他们四季变化不多寒暑温差不大的风土造就的。

在风土影响人这层意义上，即使今天仍作为一般认识的部分可以说已被希波克拉底言尽了。气候变化刺激肉体，肉体刺激令精神兴奋，而这样兴奋起来的精神正是历史的动力。所以，气候、风土决定了一国国民的特性和命运。很显然，这里有个前提是风土存在于人的外部，故不问风土现象的本质究竟是什么，而像这样的风土观可以说作为常识支配了古代的人们，公元前 2 世纪的著名历史学家波里比阿（Polybios）以及公元前 1 世纪完成了大部头地方志的斯特拉波（Strabo）也概莫能外。但是这种想法最 248
终要落到所谓自然环境支配人类历史及命运这一点上来。因此，在认定只有神能够支配这一切，即认为一切历史及土地的特殊性皆是按照神的意志形成的中世世界观那里，它必然要被完全抛弃。

16 世纪末法国的博丹（Jean Bodin）[2] 再次提起风土问题时，其根本想法也是与古代一致的。博丹认为人（个人、民族）的行为是受“自然因素”决定的，而自然因素因风土而异，所以具有特殊风土的国土各自会塑造出特殊的民族性格，尤其重要的一点是风土的不同引起**劳动方式**的不同，并给自然因素以强大的影响。举例言之，肥沃的土地需要付出的劳力较少，因此人们的肉体及精神能力便不发达；然而贫瘠的土地让人们的头脑与肢体感觉紧张，从而各种能力、技术、学问就得以发展，贫瘠土地上的民族倾向于产业型、商业型的原因正是如此。不过，假如说因劳动方式的不同，能力也各有发展的话，那么人的天赋、倾向当中也必定会有特殊性的存在。

上面这种博丹的观点如果仅从风土影响人的思考来看，与古代
249 是没有两样的，但是在关于影响的方式这点上，他导入了“劳动方式”这种媒介，这可以说是全新的内容。而且一般认为在这点上他比二百年后的孟德斯鸠（Montesquieu）[3]还要进步。孟德斯鸠经常被称作指出历史中地理因素意义的第一人，可实际上他的主张是风土对人体的生理学影响，而并非风土于人之存在中的意义。当然他从这点出发论证了各类国土的地域、社会条件如何决定法律及制度发展的关系，从而试图揭示各类不同的国土上国家形式必然不同的道理，然而他所谓的风土毕竟只是自然科学的对象，其影响只停留在生理学上面。博丹提出的风土决定人们的生产活动要比他更进一步了。

18 世纪末的德国文化史家当中，还是能看到朝这个方向的进展，尽管为数不多。对施勒策[4]而言，风土是给民族定形，把民族推向各种劳动方式、生活方式的因素。它不只是根据“食物的种类”来影响人的身心，也不只是通过空气的湿度及温度来影响人的性情。它竟是让人们拿出各种态度去征服自然改变自然，换言之，是让人们在同自然的搏斗中彼此结合创造出各种各样的社会。另外在阿德隆[5]那里更增加了普遍性的观点，他认为人口密度与土地面积决定着历史上的各种文化现象。比如占有广大土地

可以任意扩展的民族往往创造不出像居于河谷、岛屿或者沙漠中的民族所能及的高度文化。这是因为有限的土地上的人口增长使人们生活变得困难，从而让他们产生紧迫感；而随着人口增长可以向外扩张的时候，这些困难和紧张就都不存在了。这一观点开 250
创了 19 世纪人文地理学的先河，即根据类似的地形划分民族类型，匡定文化发展阶段的方法，但是这样一来，对于相同地形的民族间互为不同的特殊性就难以理解了。

注释：

1. *Politica*, Ⅶ. 7.

2. *De la république*.

3. *De l'esprit des lois* 1748.

4. 施勒策：《世界史的主要脉络：要点与关联》(August Luduig von schlözer, *Weltgeschich nachihren Hauptteilen im Auszug und Zusammenhanag*, 1785.)

5. 阿德隆：《论人类文化的历史》(Johan Christian Adelung, *Versuch einer Geschichte der menschli-chen Geschleehts*, 1782.)

二　赫尔德的精神风土学

赫尔德与上面举出的几名文化史家是同时期的人物。他有关风土的思想主要出现在《关于人类教育的另一种历史哲学》(*Auch eine Philosophie der Geschichte zur Bildung der Menschheit*, 1774)、《关于人类历史的思考》(*Ideen zur Ge-schichte der Menschheit*, 1784) 二著中，它们是与施勒策、阿德隆的著书前后问世的。但是，赫尔德的显著特点是他在结合历史解说风土时并未把风土作为自然科学的“认识”对象，而是把它看作其内部的东西反映在外部的“记号”（Zeichen）来处理的。他瞄准的目标是要捕捉风土的精神，创立关于人的全部思
251 维能力和感受能力的风土学（Klimatologie aller menschlichen Denk-und Empfindungskräte），这就是他在风土学历史上受到特别重视的原因所在。

让我们先来考察一下他的方法。他的《人类史的构想》根据当时的自然科学知识先从天体里地球的位置说起，然后述及地球上动植物的组织及其中的人的组织特征，随之谈到人的存在意义，由此再进一步论及各种民族的特性。但是即使他如此地利用了自然科学知识，“自然”对他而言也并不是作为“认识”对象的自然。他在《人类史的构想》的序文中是这样说的：“自然不是独立自存的，是神借万物表现其行。……受我们这个时代许多书本的影响，有的人就认为自然之名意义低微，其实不该这样，他们应视之为那种全能的力量、善良和智慧，然后最好把那个看不见又无法用人的语言描述的东西在心中为它命名。”[1] 所以对他来说万有引力也好，物理、化学上的种种法则也好，都是神的行为。他之所以想创立起人类史的哲学是因为他不相信在自然上建立了如此有秩序的神竟会在人类的历史上毫无计划，不过他所谓的神并
252 非直指教义上讲的神，自然及人类命运中出现的无限深奥的神秘便是他的神。所以他把形而上学的思辨看作只是脱离了自然经验与类推的空中旅行。人们必须学会把“自然中神的脚步”作为圣经来直接阅读。“自然的大类推从各个方面把我导向宗教的真理，可是自己必须很费劲地去克制它。这是因为我不能光把宗教的真

理置于头脑中进行观察，而只能是一步一步忠实地捕捉那‘看不见却在活动的现在的神’所昭示的灵光。”[2]正是这样，他考察潜藏于自然底层的某种神秘，却并没有名之为神，生物中他所发现的神秘被称为“活的有机力”。他在叙述了动物在母体内被创造的过程之后说：“第一次看到这种奇迹的人将会说什么呢？恐怕只能说‘那里存在着活的有机力’吧。我不知道这种力从何而来，也不知道其内部究竟有什么。但是，这种力量存在于那里则是无可置疑的。”[3]这种“活的力量”存在于我们所有人的体内，即便我们自己不曾觉察，它们也在我们的肉体内活跃着。诸如理性能力之类是以此肉体为工具进行活动的，但是它们连充分了解肉体的能力都没有，更何谈创造了肉体。虽然被称为“精神思维”，但它也得依存肉体组织和健康，所以我们心理上产生的所有欲望与冲动之类连带有动物般体温便是理所当然的了，这是谁也不能怀疑的**自然事实**。正如这种认识是最初的哲学一样，它可能也是最后的哲学。其实像这种“活的力量”只不过是指“神秘”的名称而已。我们如何才能接近它呢？学问的方法正是根据这条通路决定 253
的，而且，赫尔德不认为它能通过“认识”达到，他的学问目标是对上述**活现的自然的解释**（Auslegen），是对可诉诸视觉的精神的传译（Dolmetschen）。[4]关于人，其形态无非是内部冲动构造的外皮而已，而且其形态是一个统一的整体，对其各个部分无论进行多么精心的解剖，仍然无法理解整体的意义。正像在语言中，单个的文字的确属于语言，但是具有意义的是连缀成整体的词语，而不是单个的文字。所以，在这里学问的方法就是指通过外在形态指示内在和从文字组合开始理解意思两件事。他把这一方法比喻

地称作 Physiognomik（人相学）和 Pathognomik（情相学）。意为与 Physiologie（生理学）、Pathologie（病理学）相对，且抓住了 physis 及 pathos 的真正意义的学问。这是对认识角度的对抗，同时是对理解角度的宣扬，而且它绝非没有根据。我们在日常生活中已经在使用这种人相学了。比如，熟悉了的医生一看病人的样子或脸色就能直觉出他的毛病，小孩子从对方的神色与表情中就能判断出他是否喜爱小孩，更普通的是，我们只要看到一个人的神情就能够理解他心里翻滚回转的感情。这就是说，我们平常是在用人相学的眼光来理解形态所指示的精神的。把这种日常生活中的人
254 相学及情相学升华为学问的正是赫尔德的方法论。

赫尔德主张的“人的精神风土学”试图通过上述解释方法从日常生活中的人们身上找到神秘的“活力”是怎样形成的。这并不是说他对此已从方法论上明确理解了，毋宁说他依靠自己的艺术家素养得以施行的“解释”技术本身的内部就显示着这一方法。因此，它有时被过于丰富的材料所埋没而显得不知所从，有时又陷于自然科学上的或民族志式的叙述。尽管如此，它作为精神风土学令人感兴趣的是它不把风土和生活方式当成单纯的认识对象来对待，而是常把它们视为人的存在主体，而且这种态度始终没变。

那么，赫尔德关于风土做了怎样的解释呢？

他在观察了同为人类却以各种各样的姿态出现在地球上的现象之后，将论证引向一点，即这些同一人类在地球上的各个“地域”内把自己风土化了。他首先描述了亚细亚草原上的蒙古人、沙漠中的阿拉伯人以及世界另一端的加利福尼亚土著（话虽如

此，加利福尼亚如今正在逐渐变为世界的中心）等在活生生的现实中的样子，然后意在指出所有国家的国民性格是由他们的土地和生活方式赋予的，即这些国民都具有风土性。“由此，首先明确起来的是在与国土紧密关联中形成的感性上的民族为何忠实于国土、难离国土的理由。这是因为他们的肉体、生活方式的特性以及自孩提时代就熟悉的娱乐以及工作等，换言之，即他们全部的 255
心理视野都是带有风土性的，从他们那里夺取其国土就等于夺走了他们的一切。”[5]

这样，人类把自身风土化，并且国民的心理与性格都具有风土性，便是不可回避的事实。人们总是只出现在特殊风土的形态中。这样，问题便是该如何解明风土与人的关系。其方法大致可分成两种。第一种是把人和风土割裂开，分别对它们各自进行考察，然后找出两者间的因果关系；另外一种是比较重视人类生活本身的具体风土性，它不追究诸如离开了人的风土或离开了风土的人等抽象问题，而是把风土作为人们生活方式的一个契机来考察。在第一种方法里，把风土从人的存在中抽出，作为单纯的客观自然现象，而且它对同样作为自然现象的生理学人体施以物理上、生理上以及心理上的影响，由此而出现带有具体特性的风土人。赫尔德虽然还没有明确的自觉，但他不断地指出了该方法的不足，同时向着上述的第二种方法靠近。“何为风土？它给人的肉体及心灵的形成以何种影响？”这章[6]提出的便是这个问题。其中，他首先指出当时的自然科学知识是多么不足以来说明风土的问题，所有风土的根基都无法在地球构造或其自转公转等法则上去寻求。在与太阳的关系上完全同等的地方，风土上却不一定同

256 等，如靠海、多风、依山、高原、河谷等无数的情况作为地域性的制约，使得相邻的土地上出现完全相反的风土，普遍规律毕竟是难以求得的。所谓风土，一言以蔽之，即是地球上各块土地固有的，而且是唯一的东西，它能够在经过敏锐的观察之后被叙述出来，但却不会让人们得出一个带有普遍性的结论。与此相对，被认定接受了该风土影响的人体也不会只是遵循生理学上的一般法则，如动物在吸热与散热的方式上有种种不同的特性，这在人类也有地区性的差异。在超过体温的炎热风土中无法生活之类的说法只是有关温带地区的人体，即是针对已具有风土性的人体的生理学法则而已。更何况对于人体的生理，我们不知道的要比知道的更多。由于是如此不明了人体，所以如果把风土对它的影响只比作简单的物理学实验中的因果关系来处理的话，应该说是十分危险的做法。连对于人体的生理学构造都是如此，那么风土对精神构造的影响问题就更难说明了。暑热让人体懈怠，寒冷令其紧缩，这是我们共知的体验，但是如果想从这儿出发来说明生理学上的种种现象，并进一步总结出民族特性或者其精神活动的特性，则是根本办不到的。若要通过这种方法来达成人类精神风土学，那么现在的我们还太无知。因此，对于这种自然科学根本克服不了的因果关系
257 的混沌，在具体生动的形态上加以把握，并尽力掌握作为其存在契机的风土意义，这便是作为历史哲学家的赫尔德所取的方法。对活现的自然所做的解释正是采用的这种方法。

赫尔德的这一预见可以说是十分正确的。但是他没有将它看作是人文科学方法相对于自然科学方法的差异。因此，尽管他极力强调自己引用的“自然”概念不同于自然科学对象的自然，但

他从没有彻底将两者区分开来。故按他所言，自然界里活现的神秘是可以通过自然科学上的认识得到判明的，只是由于我们的认识尚未到达那种程度，所以现在便用直觉的方法来解释将来也许会逐渐认识的部分。正是这样的想法结果使他陷入一种错误之中，即把解释方法应用于自然科学的对象上去。比如以“空气”为例，它不仅通过寒暑影响我们，而且还是我们所未知的各种力量的贮藏地，空气中有电流通过，但是我们还不知道我们的身体跟这有什么关系；我们依靠呼吸空气活着，可我们还不知道其中的生命食粮究竟是什么；一个地方的空气带有病毒，而另一地方的空气则给人带来健康，可我们不知道其中的缘故，等等。而且这一切不为人知的力量都存在于空气中，并活动着，这就是空气的秘密。像这样，空气被认为是尚有许多秘密未被认识的“活物”，是被放在生命的资格上来对待的。在这一点上，赫尔德并没有意识到他所言的秘密不管被怎样发现，比如我们搞清楚了空气
中的生命食粮是氧气、空气中的病毒是疟疾蚊的所为等，只要是 258
属于自然科学上的工作，它对人类精神风土学就不会有多大的帮助，因此诸如把空气当成生命体的做法与他的原本目标是并不相符的。可是他自己不曾理解却已付诸实行的关于空气的认识则告诉人们空气不是单纯的客体对象，人们正是通过它发现自己的“生命”。空气成为有生的东西是由于人们在空气中找到了自己的“生命”，所谓空气的秘密实际上是人们生存的秘密。

与空气相关可以谈到的有：水、日光、土地的地形及地质，该地的动植物、物产、粮食与饮料、生活方式、生产方式、服装、娱乐方式等其他所有不同的文化产物。这些都展示了人类生活的全

部内容，构成一幅“风土图”。我们应该从包含这一切的日常生活的整体中去发现风土。“就根植于某块国土的民族而言，风土为它培育出唯有从其风俗及生活方式的整体中才能觉察到的微妙素质。那是非常难以表示的，特别将其一一分开看时，就根本无法表现出来了。”[7]

从这种观点出发，赫尔德试图阐明人类精神的风土结构。第
259 一，人的感觉**具有风土性**。人们在日常生活中接触到事物特性的同时也会成为人们的感觉特性，比如关于“味觉”，在缺水少植物的土地上，人们过着向环境夺食的艰苦生活，他们把食物只看作能满足食欲、帮助摆脱饥饿的东西，于是便不问味道与种类，只一味地狼吞虎咽，其结果便是他们几乎没有对味道的微妙感觉。相反在物产富饶的地方，由于人们不受饥饿威胁，能够自由享受自己爱好的食物，因此他们的食欲寡淡，食量小，同时对食物的种类挑选严格，比如要用好油，讲究色香味，等等。这样，他们就有了细腻而发达的味觉，比如在追求有强烈刺激性的食物同时，连水的味道都能一一辨别出来。同样在皮肤的“触觉”上也有因风土造成的种种差异，从近乎无感觉到最敏感的类型。“视觉”与“听觉”也是如此：生活在广漠的平原或沙漠上的民族能够看见遥远的炊烟，听见远处的声音，而欧洲人在那个距离上是什么也看不到的；光线明亮的国土上，人们的视觉发达，而暗淡阴霾的国土则令人们的听觉敏锐。于是，赫尔德说：“当我们越是细致地观察在各种地方过不同生活的人们具有的感觉，就会发现自然给各个方面以多么深厚的惠泽。在某一器官得不到满足的地方，自然就不会给它刺激，而是让它安眠。另一方面在自然开启了器官

的地方，便会赋予它满足这一器官的手段。”[8]

第二，想象力具有风土性。所有感情丰富的民族只能把他们 260
在那一块国土上感受到的东西转化成表象或概念。因此表象的形成及把握方式上都要受风土的制约，而它又进而对想象力进行制约。不仅如此，想象力还受到传统力量的强大影响，小孩子们专心地听着从前的传说，他们感到那里讲述的事现在就在眼前。这种情况下，各个民族的生活方式和精神无疑是强烈地渗透在孩子们的心里。牧羊人与渔夫用不同的眼睛看自然，然后以不同的方式建立起想象的世界，生活在炎热国度里的人是创造不出圣诞老人的故事来的。

第三，实践性的理解具有风土性。这种理解产生自生活方式的需要，它反映着民族的精神、传统和习惯。当人们通过采摘、狩猎、捕鱼、畜养、种植庄稼进行生活时，他们在同这些物品的接触中已经对它们产生了理解，如果没有这种理解，人们必然会挨饿。不过这种理解是根据不同对象而有所不同的，不光同一对象因风土而有所不同，而且以什么为对象也是由风土来决定的。于是，游牧民与家畜一起生活，从家畜身上来发展其实践性理解。而且从这种游牧生活本身人们自觉到了自由意识。与此相对，农耕生活使人们发现了“我的”和“你的”区别，并把他们束缚在土地上。因此在这种生活中自由意识不会觉醒，可怕的专制主义和奴隶制发展起来的原因恐怕就在这里。

第四，感情与冲动具有风土性。感情与冲动是由人们的生活 261
状态及其组织所决定的。特别显得重要的是结合两个人的爱情，男女的婚期在不同风土上是不一样的，这令男女之爱呈现出各种不同的样子。对待女性的方式，特别是将女性当作享乐工具还是作为人格来尊重，这一不同也多是基于该地的风土。古代的印度人认为女子性情美好、伶俐、贞节、勇敢、诚实等便是其中一例。友情也在其结交方式上呈现出风土的不同。

最后，**幸福也具有风土性**。幸福对于赫尔德来说是个特别重要的概念，但是在他那里文明或文化未必就意味着幸福。只有朴素、健康的生活的欢欣才是真正的幸福。“肉体健康”，“感觉的正常利用，对现实生活具有活泼的理解、活跃的联想、敏捷的决断，以及伴随着良好结果的高度注意力”，“以爱和喜悦充实我们生命的平静感情”，“由此，生者便悦其生，他不问自己**为何**而存在，他的存在于他即是目的，目的即是存在本身。”[9] 在这里，赫尔德表明了他独特的人道（Humanität）观念：一个人既不支配谁，也不受谁支配，而且希望自己及他人都幸福，这就是人道。若按这种人道观念，那么不顾上述对健全的存在的理解而去发展各种繁难学问或走钢丝式的技术，或者舍弃平静的爱的感情而代之以对技
262 巧性意志决定的认识，这些做法都丝毫不会给人带来幸福，因此于人道也是无所贡献的。“怀着宁静的喜悦去慈爱妻小，无论对自己的部落还是对自己的生活都力行谨慎、节制有方——像这样的野蛮人要比那些叫嚣着人类爱的人们更真实。那些人嘴上谈论着人类爱，但其实是在徒有其名的人类的影子下面洋洋自得而已，靠这种爱生存的人不是现实的人，而只是有教养的影子。”[10] 从这样的观点来看，国家也不重要了。在一个大国内，为了一个戴着王冠的蠢货的荣耀，许多人挨饿、被镇压、被杀戮，与这种状态相比，那些没有国家、所有人都宁静地享受着生命的小团体要更为

符合人道。“父母、夫妻、子女、兄弟、朋友伙伴——这都是让我们幸福的自然关系。国家能给予我们的是人为的工具，但实际上它把更本质的东西，即我们的自身给剥夺去了。”[11]站在这一立场上赫尔德警告了那些在**全世界到处撒野**的欧洲人，他们不应该用欧洲人的“幸福”观去衡量其他国土居民的幸福，欧洲人在幸福这点上决不是最先进的，或可以作为榜样的，他们只是显示了一种欧洲人特有的类型而已。在世界的各个地方，从人道的角度看决不亚于欧洲的幸福存在于各自的土地式样中。也就是说幸福具有风土性。

赫尔德的风土学内容大致如上，他还进一步涉及语言、艺术、学问等方面，但这些问题都不是从风土的角度来探讨的。

根据以上可以明确知道，赫尔德的“精神风土学”是以自然概念为基础不分自然与精神的，它极端强调不同国民的价值及个性。这里存在着他与德国观念论的历史哲学相对峙的特殊意义。 263
首先，是其解释方法，他与其说是通过方法论的认识还不如说是以其作为诗人哲学家的奇拔才能来达到这一点的。他向历史寻求的是人类各式各样生活的直观表现，使特殊者成为具体个人的特性，即个性的完全形成——把握这些有机的整体就是他的目标。第二，是国民个性的尊重。在他看来，国民在其**自身的特殊性**上具有独自的意义，并能够完成**人道的实现**。因此，他所极力反对的是把每一个国民的姿态只作为人类向终极目标发展中的一个过程，置于**前后继起的秩序**中来看，而必须把他们放在**同时并在的秩序**中进行把握。这样，第一，针对辩证法中那种视发生为主导因素的观点，他试图发现一种静止、美好、活现的“存在秩序”；

第二，针对把国民置于剧烈变动中来看的观点，他力求从其静态构造上，像欣赏各个方向都状态恒定的雕塑那样来观望；第三，针对那种在国民之间划分优劣，或把特定国民视作世界精神的意志工具（即选民）的终极目的见解，他主张平等地尊重每个民族的个性。这样一来，国民不是因其历史功绩，而是在其通过特殊的唯一的方式实现的生命价值上，即作为国民性实现的生命价值意义上成为世界史的对象。

264 立刻就指出赫尔德的这一历史哲学弱点的是康德[12]。这也是因为赫尔德首先迁怒康德，那时候康德正好完成了认识批判的研究，作为向伦理学的转变，他正思考着历史哲学的问题。这位尖锐的方法论者促使自己过去的旁听生赫尔德对方法论进行反思。首先针对前文所述的第一特征，他指出赫尔德的方法论是非学术的。“概念定理上没有逻辑正确性，对需加注意的原则没有坚持或区别，它只是富于善变的理解力的观察以及仅满足于类推发现的敏感智慧。而且在使用时，往往结合凭感情或感受理解的技巧对未知对象发挥大胆的想象力。”[13]“诗人的精神固然能产生活泼的表现，但它时时侵入到作者的哲学当中，用同义词代替说明，把比喻当作真理。哲学领域曾几何时移到了诗的王国，因此两者的界限和领域全被打乱了。”[14]作为批判哲学家康德的立场，这是理所当然的批评，不过我们也必须看到康德正好忽略了赫尔德想要研究的对象范围，即历史的世界。正如卡西雷尔①也说过的那样[15]，赫尔

① 恩斯特·卡西雷尔（Cassirer，Ernst，1874—1945年），德国哲学家，曾任汉堡大学、牛津大学教授。1941年亡命美国，任耶鲁大学、哥伦比亚大学教授。

德虽然缺乏概念，但他有较大的整体直观。所以，在这个诗人哲学家从直观直接移向概念，或由概念切入直观的思考过程中也有康德所没有看到的具体理解。而康德以后，伴随着具体现实与个性现实变成亟需解决的问题，对历史世界的理解问题在方法论上 265
也自然要抬头了，其萌芽可在此窥见一斑。

关于第二个特征，康德正是在这里发现了与自己观点相反的论调。康德的历史哲学属于他的目的论体系，在第二、第三批判上是具有充足根据的，但在如上对赫尔德的批判和稍前于此的历史哲学小论文《世界公民观点之下的普遍历史观念》（*Idee zu einer allgemeinen Geschicihte in Weltbürgerlicher Absicht*，1784）和《答问：何为启蒙》（*Beantwortung der Frage: Was ist Aufklärung?*，1784）中，他明确表示已从至今为止的“有（存在）”的领域转到“当为（本分）”的领域了。按他的观点，严格意义上的“历史”，不只限于按时间的前后关系或因果关系来把握事件的一定系列，而只有将它们与内在目的的观念统一互为联系时才得以成立。关于自然法则的妥当性，也是通过以下洞察来认识的：不是所给予的自然具有法则，而是法则概念最先构筑了自然。与此相似，历史也并非指既定事实或事件在过后才具有意义或目的，而是在以这些意义、目的为前提的条件下才成为可能，但是历史不是单纯的事件系列，而是作为“行为”系列成立的，而行为又是在“自由”的地盘范围内发生的。如果那样，历史哲学的原理便只能在伦理学内部去寻求，在这种观点上，康德第一次发现了“历史”。“人类的精神发展、历史发展除了自由思想的深化与发达之外别无他物”，自我解放的过程和从自然的束缚走向自律意识的进展才是事件的真正意

义。这样的历史观在康德的内部渐渐成熟，于是他必然要针对赫
266 尔德的“同时并在的秩序”强调其“前后继起的秩序”，否定人的状态价值而主张受终极目的制约下的存在自身的价值，也就是人类的不断进步。这也是极为理所当然的主张，尤其是在这个对立的背后存在康德与赫尔德在伦理原理上的对立，即人的整体制约与幸福之间的对立。在这一点上，毋庸置疑赫尔德的幸福原理根本无法与康德相匹敌，他高唱的最人道的幸福如果缺少了康德所谓的人性的原理，便不可能达成。但是，像这样承认康德的正确并不等于就要排斥同时并存的秩序。应排斥的是他这种只见到人作为理性动物的本质，而将其个性、性格、自然素质等统统作为偶然予以舍弃的观点。所以，在他看来，“人类的性格”是指人是理性的这一最普遍的定理，而并不意味个别者特殊的个性。这正是德意志的浪漫派思想家们背离康德的关键之处。但是，即便在康德自身看来，个性的舍弃也多少带来一些失谐，他在《世界公民观点之下的普遍历史观念》中说：“生物所有的自然素质是注定至少有一次要充分符合目的地发展”，而且它是受“看不见的自然计划”所牵引的。如果这样，那么同时并存的各国国民自然素质的差异，以及诸如此类的个性问题，不也必须承认是基于某
267 种自然目的的了吗？该书中的自然目的只不过是被换作“天意”或者是“世界造物主”等的另一种说法，如果是这样，那么便不能不问神为何造出各种各样的地域、各种各样的风土，以及各种各样的特殊民族。尽管他后来把自然目的与天意分开来，从人作为道德主体的观点出发赋之以“自然整体符合目的”的意义，但在前面的《观念》中，“自然”则是给予人类理性和自由意志的角

色，而且它还要求人类完全自发地进行一切超出动物性存在的行为。如果自然果然是这样给予并要求的，那么它给某一国民以刺激道德养成的环境，给另一国民以义务和容易调和的环境，可以说也并非纯属偶然。自然要求风土上的差异，也就是要求因此出现的个性上的差异。换言之，是要求人类之道以各种不同的形态来加以实现。这样一来，大概就必须承认赫尔德所谓的“同时并在的秩序”也是自然的目的了，风土特性与人类史的使命是无法分开来考虑的。

注释：

1. Ideen, I. S. XVI .
2. do., S. XV .
3. do., Ⅱ , S. 85.
4. do., Ⅱ . S. 93.
5. do., Ⅱ , S. 70.
6. do., Ⅶ , S. 3.
7. do., Ⅱ , S. 84.
8. do., Ⅱ , S. 116.
9. do., Ⅱ , S. 163—167.
10. do., S. 170.
11. do., S. 172.
12. 康德：《评赫尔德关于人类历史的思考》（*Rezensionen von Herders Ideen zur Philosophie der Geschichte der Menschheit*, 1785）
13. WW., Cass. Ausg., Ⅳ . S. 179.
14. do., S. 195.
15. Ⅺ , S. 245.

三　黑格尔的风土哲学

康德的道德史观指明了“事件”的深刻意义，对德国的观念论产生了强烈影响，但赫尔德极力强调的“同时并在的秩序”也以种种形式流传下来，并没有完全消失。比如费希特关于国民个
268 性的学说，谢林就活现的自然和价值完成提出的主张，还有黑格尔认可的精神体现中的自然特殊性对于民族文化形成的贡献等，分别与这个问题保持着某种联系。

费希特从其历史观的根基而言是康德的继承者，他也认为历史的终极目的非理性自由莫属。但是与康德光注重价值的普遍性而把特殊只看作事例相对，费希特发展并强调了无法找出理论根据而只能通过直感认识的单个的价值个性。价值整体性只能在单个价值个性中，并通过它们表现出来。一个国民正是一个这样的价值个性，它既是把个人作为其成员的全体构成，同时它自身又是人类这一全体构成中的一个成员。在康德那里个人是一个孤立的样本，与抽象的普遍性相对立；但在这里个人被发现有“真正的现实的整体个性，真正的具体普遍性”。费希特在《告德国人民书》（*Reden an die deutsche Nation*）中极力主张的就是这种国民的个性。“精神上的自然只是尽量多样地将人类的本质表现在个人或者整体的个性上，即每一个民族身上。……这一国民特性自己无法用眼睛看见，但有了它，国民才得以与根本的生活源泉相连，而且只有在那里，国民现在以及将来的品位、德行、业绩才能得到保证。如果这种特性因混合或摩擦变得迟钝麻木，那么其

国民将与精神上的自然发生偏离。”[1]也就是说，国民的生命就是这种特性，每一国民都立于神圣的自我展开的特殊法则之下。这种特殊法则的共同化，使得人类的群集在永恒的世界里，因而也在时间的世界里紧密结合为一个自然的整体。并且这一根本的发展法则还彻头彻尾地制约着一个民族的国民性。[2]人们知道有这样一个法则，但是处于该法则之下的个人决不可能从概念上来阐明它，国民或民族往往通过“历史”才能认识到他们的统一共同的行动或苦恼，即在共同面对统治者、土地、战争、胜利、败北等问题时，才使人们的群集自觉到民族意识。不过在没有这些情况时，像德意志民族那样，他们也能依靠形而上的存在之力保持民族统一的概念，这一般被视为德国国民性的显著特征。要是这样，民族特性便具有超历史的意义了，它虽然在历史的展开范围内得到了具体化，但它自身的根据还是存在于形而上的精神自然之内。费希特自身并没有这样来理解风土，但我们的风土问题正是在形而上的精神自然范围内，也就是作为他所谓的“神圣的特殊法则”存在着的。 269

至于谢林，正是自然把他从超越论哲学引开并导向直接的直观，而与价值个性无关。他从康德第三批判中的自然与自由的统一出发，发现了自然是具有“生产性”的，而并不是“被生产出来的东西”。把自然作为客观来生产的费希特的自我在此已经转移到活现的自然上，成了作为主体的自然，因此自然是精神的。在符合目的论者那里，形式与实质、概念与直观往往是相互结合的，这才是观念与实在绝对合一的精神性格。所以，一切有机体上都附有某种象征，所有植物可以说是错综纠缠的心灵写照。我 270

们眼前的日常生活中发生的事明白地显示着自然的生产力正不断地按照符合目的的原则形成，所谓“生”就是这一“现象中的自律”。按通常的看法，自然是单个分离的物质因素机械地结合而成的一个体系，可是这样的自然完全是**人造的**，而并非实际存在的。真正的现实是“生”，是“生产性”。它是通过直接的直观，即通过生命自身的内部统一来表明的，不是“我们”去认识自然，是“自然”在先。自然内部的个体已**事先**通过全体构成，即根据自然的一般理念规定好了的。这种理念不同于课题或要求，它是**创造力**，是**形成原理**，它通过**生命本身表现自己**。人们在对事物进行辨别、反思、认识之前已经了解了他自身的自然，因为他与自然是属于同一的。这样的了解明确反映在纯粹直观上或者自古以来创造性想象力已发明的**象征性语言**上。我们越是减少对自然的反省程度，自然就越会善解人意地与我们交谈。像这种“活现的自然”的概念可以说与赫尔德的极为接近。就算谢林的兴趣主要在
271 于把自然中生命的系列阶段看作向自由的逐步靠拢，并把它放到前后继起的秩序上来考察，但是他也还是吸收了赫尔德的学说，并承认生命形成中有“艺术性的完成”，即他不是把一切存在只看作通向自由的暂定的道路，而是在认为完成了的事物随时都会出现这点上，让人看出他与同时并存的秩序间的若干联系。如果把这一自然哲学同前面的价值问题结合起来，那么就为推进赫尔德的“精神风土学”开辟了一条新路。

黑格尔正表现出这种结合，哪怕只在一定程度上。

青年时期的黑格尔主要关心的是“历史”，而且像那时他关于民族宗教的论文，都十分明显地是参照了赫尔德的精神写成

的。[3]可是不久，他身边比他更年轻的谢林的工作开始引人注目，谢林反对悟性范畴，主张直观权利，并宣称物质世界是精神的体现。在这种影响下，便诞生了黑格尔那种可称为神秘的泛神论的根本思想。二人的交往在体系形成时期显得意义更加重大，从“自然”出发的谢林与从“历史”出发的黑格尔在认识世界整体 272
性这一点上走到一起，他们相互帮助形成了理性的直观体系。黑格尔的历史哲学在这种历史背景下，一面以“发展”为中心思想，一面又没有忽视自然的制约性，可以说是理所当然的。

黑格尔的体系反映了他自我探求的历程，最初黑格尔从历史现实出发探讨了存在于这种现实根基的常规，然后当他捕捉到该常规时，便把它当作一般抽象的逻辑加以完成，接下去便是追索该逻辑是如何通过自然和历史不断实现自我的阶段，《哲学全书》（1817 年）的体系便反映了这一阶段。因此，他的逻辑学被评价为既说明了“思维的根本形式”，又揭示了“现实的结构”——即绝对精神在有限性内部实现自我的制约关系，并不是没有理由的。作为历史现实的自我展开来的逻辑，本来就是作为历史现实的常规被发现的。然而，如果认为这个无视体系关联单属于思维根本形式的逻辑学，即尊崇绝对理念的观念体系，是根据自身的制约条件先以其他形式呈现为自然，再还原成自我化为精神的话，那么逻辑关系本身就必须已包含了向自然个性化与精神个性化的迈进才行。根据上述这种观点，于是便有人把思维理解成产生现实的母体。但我们认为黑格尔的想法并非如此，黑格尔所指的“精神”是具有主体性的，它在作为观念意识到自我的同时，又把自我客体化呈现为自然，然后在此自然中一边实现自我，一

边不断形成文化。所以虽然思维与观念都属于精神无疑，但精神
273 不光是指这些，物质也是精神的。逻辑就是这种精神的活动方式，而不单单是思维形式，在这种意义上，逻辑便揭示了精神活动的现实构造。

黑格尔的历史哲学在如上的体系中占有一定的位置，即第三阶段。它存于客观精神中第三阶段的人伦中，而客观精神本身则是作为精神哲学的第二阶段存在的，精神哲学又是精神发展的第三阶段。在黑格尔看来，历史也正是“向自由的发展”，不过它同时是一种“精神的自觉”，而且该自觉不可缺少一种契机，即在**外在性上的实现**。所以历史本身已经包含了若干层外在化及其反动。以绝对理念为至高的概念，在“自然”中形成自己完全的外部客观性之后，就扬弃自己的外在化，还原成自我。这时，便称它为精神。然而精神的本性是自我显现自我启示，而这种自我启示是精神的客观性命题，即正是把自然当作他的世界来确定命题。所以，精神的第一阶段是主观精神，而作为主观精神第一阶段的“心”首先是在直接的自然制约性下表现出来的。也就是说，它在整体性上表现为“地理世界的部分”自然，因此便以造成人种差异的特殊的自然精神的形式分别体现出来。这种差异一旦进入自然的“偶然性”中，则成为亦可称作地方精神的特殊存在，而且它在各民族的外在的生活方式、劳动方式、体格、素质乃至内在
274 的理性及伦理倾向、性能等方面都有体现。黑格尔以这样的地方精神为直接形态，由此论说了主观精神的逻辑发展。[4]

在客观精神的第三阶段，即人伦精神上也同样，在**每一个特殊民族**中都有其现实性。每个民族的整体性表现为它的直接自然

性，这就是地理上以及风土上的制约。受这样制约的民族存在于各自精神生活的特殊阶段上，并只在该阶段中把握自我。这样，人伦精神在“同时并存”及“前后继起”秩序的一定制约下，以单个个体的形式表现自我，这便是“民族”。换言之，它即是“特殊的民族精神”，这种特定的民族精神是具有“历史”的，即受其特殊原理制约的、其自身的现实发展。但它是一种受限定的精神，正因这一理由，它便要走向普遍的世界史中去。然后，在世界史上，即精神转化为世界精神过程中，进而言之，即人伦实体从单个民族的特殊性下进行自我解放的运动中，便形成了一个契机、一个阶段。[5]

这样，精神因其特殊性，故在每一个民族都具有现实意义；又以这一具有现实意义的民族精神为契机，便得以发展其精神。如果这样，那么该特殊性在精神发展中除了可以被克服之外，它
还必须有发展的可能。在这一意义上，该特殊性应该说是必不可 275
少的，而且，如果它是受地理和风土制约的，那么这种制约也便是必不可少的了。那么包含在民族精神内部作为被扬弃的契机的地方精神也必须是“必然的”，而不是“偶然的”了。所以，如果承认“心理”的风土制约性是“必然的”，那么《哲学全书》的精神现象学就必然是带有风土色彩的了。

黑格尔的《历史哲学》序论中包含的“世界史的地理根基”（Geographische Grundlage der Weltgeschichte）讲述了与此十分相近的意思。“从人伦（即人伦精神）的整体普遍性，或者从其单个行为的个性来看，民族精神的自然联系的确是表面上的，但是我们必须把这一自然联系看成让精神在其中活动的地盘，因而构成本质上必然的根基。精神理念通过现实存在的民族所具有的种种不同表象，从而现实地展示在世界史内部。该现实存在的侧面与自然物的存在相同，是既在时间内又在空间内的。世界史意义上的民族所背负的‘特殊原理’同时作为自然制约性存在于他们自身之内。以这种自然的面貌表现自我的精神是把其特殊姿态分开来（auseinander）排列展示的。这是因为个别是自然的形式，像这样的自然差异应该被看作是精神展现自我的特殊可能性，而且它提供了地理上的根基。我们一心想要了解的并不是把土地作为‘现象上的地域’，而是与土地之子，即民族的性格、类型等密
276 切相关的‘地域的自然类型’（Naturtypus der Lokalitäit）。民族的性格正是该民族步入世界史并在那里获得位置的手段。”[6] 从中难道我们不能说已经看到了“精神风土学”精彩的框架了吗？“自然的差异”作为“精神展现自我的特殊可能性”，它已绝不是“偶然的”。如果民族性格是与该地区的自然类型相关联，同时决定该民族在世界史上的活动及作用的话，那么自然类型的意义正是具有本质上的必然了。当然正如黑格尔紧接着上文所说的那样：“柔和的爱奥尼亚天空是带给了荷马许多优美的诗歌，但光凭这点是诞生不出荷马来的”。不过，精神产生这种艺术时，是自然类型赋予了该艺术那种特殊的表现。黑格尔也是明确同意这一点的。自然作为人类一切自我解放运动的最初立足点，它规定着文化产物的特殊性。当自然处于过度优势时，它甚至能够不让这种脱离了自我的精神再回归自我。[7]

基于这种见解，黑格尔分出了三种自然类型，并把它们经常运用于世界史的考察中：具有广阔的草原或平地的干旱高原；有

大河流经灌溉耕地的河谷平原，具有移动性的国土；与海直接相
连的海岸国土。高原上存在着游牧生活和族长政治，它有时会给
文化世界强烈的刺激，但其本身却难有发展；平原上农业发展和 277
国土广大，易成为文化的中心，所有制及君主、奴仆的关系等十
分明确；海岸国度的形成是为了同世界保持联系。海是最能够联
结各地的，于是便有发达的商业。但是，海洋显示出不受制约、不
受局限、无边无际的表象特征。于是从内心认识了这一点的人们
便产生要超越限制向外发展的勇气，征服欲与冒险心从他们体内
涌起。同时市民的自由意识也由此觉醒。

历史在高原上发生，在平原上开始对普遍性反思，在海岸上发展了这种反思。亚洲是高原与平原的结合，而欧洲拥有海岸并融和了高原和平原，自然温顺且富于变化。地中海的希腊、意大利等属于第三类，中欧、北欧没有高原与河谷的显著对立，而是处于两者中间。由此可见，历史的发生和对普遍性的反省开始只能在东洋看到，西洋只是接受继承了它的发展。所以，有人认为世界史是与太阳运行一样，由东方开始西方结束。也就是说，在东洋只有一个人知道自由，而在希腊、罗马则有若干人，到了日耳曼便是人人都意识到自由。这便是黑格尔世界史的根本思想。

黑格尔的世界史从内容上而言已经没有可用的东西了，这一
点大概谁也不会有异议。因为世界历史的研究在他殁后的一个世
纪内发展得极为迅速。尤其对于东洋的情况，他那个时代的欧洲 278
人是相当无知的，这只要看看他自己对中国及印度的描述就会明
白。所以，如上所说的世界史观已毫无意义了。但是他一方面站
在考察欧洲文化历史的角度来考虑世界史，而另一方面他还放眼

欧洲的外部世界并思考了其自然类型，我们从中可以找出充分的意义，假如黑格尔生在能充分了解中国文化及印度文化的时代，他必定会更深刻地思考这些文化的地理根基，而且大概还会更深刻地反思从那里抽取的自然类型的意义。因此，他所提倡的自然类型其影响相对薄弱的原因是他面对世界史的视野狭窄，而不是因为自然类型本身缺乏意义。他的确从理论上有力地把握住了地理根基的意义，然而他没能通过现实使它充实丰满起来。我们无法认同黑格尔那种把欧洲人视作“选民”的世界史，视欧洲以外的各国人民为奴隶，是不能实现所有人的自由的，世界史必须给不同风土的各国人民留出他们各自的位置。

注释：

1. Lask, Ges, Schr. , Ⅰ, S.266.

2. Fichte, Schriften, Ⅶ, S.381.

3. Nohl, *Hegels theologische Jugendschriften*, S.3ff. ; Ditthey, Schriften, Ⅳ, S.28ff.

4. *Encyklopädie*, §299—§312.

5. do. , §442—§449.

6. WW. , Ⅸ, S.98f.

7. do. , S. 121.

四　黑格尔以后的风土学

黑格尔以后首先应予以注目的是马克思。一般认为，马克思完全摈弃了黑格尔形而上学的、目的论的形式，只继承了逻辑学的、合理性的形式。换言之，他从黑格尔那里学到了方法论、辩证法。所以，黑格尔的精神哲学，特别是一部分历史哲学是被马 279
克思所舍弃的。在黑格尔那里曾由“精神”占据的位置如今已被“物质生产过程”或者“社会生活过程”等经济过程所占领。在黑格尔那里曾作为精神自我外化的“自然”如今已同精神相割裂，被改变成了作为自然科学对象的自然。尽管如此，黑格尔的辩证法因其形而上学性质而保持的魔力却丝毫没被人们抛弃，黑格尔最初是作为历史现实的常规发现了这一点的，而马克思所言的物质则正是基于这一常规的物质，而不是单纯的自然科学上的物质。所以它虽然与精神相分离着，但却保持着精神给予的活力。换言之，它只是把浪漫派衣裳换成了自然科学衣裳的“活现的自然”。看到了这一点，马克思照搬引用黑格尔的“资产阶级社会”这一概念的理由也就不难理解了。

马克思关于风土的见解可见于他就“国民”所作的各篇论文中。他给国民下了定义，即在土地、气候、种族等特定自然基础上，具有相同的历史传统、语言、性格特征等因素，并在历史、社会的发展过程中生成的大众群体。在这里十分明显，他承认**自然基础**与**历史、社会发展**这两大契机，而且还承认物质生产的过程是人类与自然相互作用并受自然制约的过程，因此生产方式必须依存地理空间的自然条件，然而这个自然一旦与人的存在相离， 280
它便与历史的发展毫不相干了。只有当劳动力与技术相结合，使它成为经济过程中的一个因素时，它才参与历史的发展。比如，肥沃的风土因其丰饶的自然物产要比贫瘠的风土蓄养更多的人口，但是，农业的起步与发展并不是由自然条件引起的，而是当人

们发明和掌握了农业时才出现的。因此，只有在肥沃的风土与技术能力相结合时才会给历史以特殊的影响。如是看来，这里所指的自然基础显然就是人类经济存在的一个契机，风土正是在这种意义上对物质生产过程进行制约的。

但是马克思认为，生产方式的进步逐渐摆脱了如上所述的风土制约，发展到资本主义产业时，无论何处都是同一种形态，地域的局限几乎消失了。于是在现代，重要的只有历史与社会的发展了。这种想法经常被不加批判地接受信奉，但实际上认为使用相同机械会使各地产业相同的观点就等于认为机械与手工工具同样都是工具没有区别一样，这也许不能说是谬误，可它使一些具体事例有些难以理解。近代产业中，纺织业为何单在英国繁盛呢？这是因为纺织需要一定的湿度，而英国的风土正好被发现有这个条件。日本在明治以后想学到所有的近代产业，可为何只有纺织业取得了长足的进步呢？这也是因为日本的湿度是良好条件。那么为何在既是棉花产地又有湿气的印度看不到纺织业的兴旺发达呢？这是因为印度的气温与湿度结合起来使人体难以忍受。可是
281 如果是这样，英国的纺织业与日本纺织业具有怎样的风土性差异呢？是日本的湿度比英国更高的区别吗？也许是的，但是最重要的还是作为社会风土特性的家庭生活的特殊形态。日本的纺织工人多是年轻的女子，她们从家庭出来，工作几年后又将回到家庭去。这种流动只要稍加堵塞，工人数就可以任意减去若干个百分比，而且这种不断流动的劳动力也不会在报酬上哄抬高薪。这若与英国的纺织工人相比，便可知道他们是截然不同的。后者一般是抚养着几口家属的男性壮劳力，他们作为有长工龄的熟练工人

是要获取高额薪金的，他们不能轻易被解雇，形成与经营者相对立的强大势力，而且又很难指望提高效率，其实他们的效率甚至不及日本小姑娘的一半。像在这样的情况下，如果再说日本与英国没有两样，那便是天大的谎言了。

我们还能从其他所有的近代产业部门列数出社会风土性特殊形态是如何产生出特异性的，物质生产过程中的风土性制约是绝没有减弱的。但是，问题并不到此为止，因为风土性制约的活动场所不只限于物质生产的过程，风土性制约属于人的存在构造，因此它还在人类存在的全部范围内起作用，它不会因为阶
级对立的激化而消亡，甚至连日本具有特殊的地理位置这样一 282
个简单的事实，就已经给对立的两个阶级（？）打上了相同的烙印。资产阶级生吞了美国完全如同无产阶级生吞了俄国一般，在距离造成的美感上看事物是两者的共同之处，在这一点上，欧洲的各国国民所不具有的性格却被他们共同拥有了。同样，日本人有显著的敏感性、迅速的感情变化，给人以郁闷、疲劳之感等特征都是日本风土季节变换剧烈的表现，而与阶级区分并无关系。对这些事例，如果我们光着眼于物质生产的过程，大概就无法解释了。

不过，马克思本人好像认识到了受自然基础制约的国民存在之根本。这是因为他说过，无产阶级获得政权之后必须把自己**上升到国民阶级**，由自己来**构成国民**。如果说相同的经济状况剥落了无产阶级的国民特性，那么上面这句话就等于全无意义。现在被称作“国民”的正由资产阶级独占着不让无产阶级参与，这一点与无产阶级本身也具有国民特性的说法是不可等同而视的。马

克思出于战术上的需要主张了前者，但在内心是承认后者的。正因为这样，他才会说当全体无产阶级构成国民时，国民才是真正的国民。可是为何无产阶级必须构成国民呢？他的回答恐怕不会超出本节最初引述的他的国民定义之外。即，答案无非就是自然
283 基础与社会历史发展这两大契机。

继马克思之后值得注目的是集赫尔德思想之大成建立起人文地理学的拉采尔（Fr, Ratzel）。他的主要著作有：《人文地理学》（一译《人类地理学》）卷一（1882年），卷二（1891年）；《民族学》（1886—1888年）；《政治地理学》（1897年）等，而作者试图把地理学与人类生活紧密结合起来的努力是这些著作的特征。他追索了国家及其领土间的关系，发现此二者的关系要比原来人们所认为的深刻得多。因此，国家在其发展的所有阶段上应该看作是自然有机体。不过，光作为有机体，还只是个不完全状态，而到了更高阶段，它便已带上了精神的、人伦的色彩。但是，重要的一点还在于，国家首先是领土以及隶属于它的民众的国家组织。“国家是人类中的一伙，同时也是被组织起来的土地中的一块”（《政治地理学》第四章）。作为这种思考的理论基础，我们可举出《生命空间》（*Der Lebensraum*，1901年）一书，在该书中他论述了生物学上的“生命”与地球空间的关系，阐明空间并不单纯是一成不变的展开，而且是生命的空间。人们会着眼
284 于生命的转变，但往往忘记这种生命所依存的大地的转变。可实际上地球的表面是在不停地变化着的，比如气候带、陆地、海洋等的格局经常发生变化，这些变化不能说是与生命毫不相干的空间变化，它们是生命的根基、生命条件的变化，即生命的空间

变化。作为展开的空间即使没有变化，可空间的**内部性质**却会不断发生剧变，随着这些变化新的生命形式会生成，这些变化当中最重要的是**陆地与水的关系**，也就是湿润、干燥等的转变，湿润滋长生命，干燥扼杀生命。而在我们所能极目的时间范围内，没有一丝根据可以让人设想地球到处被水包围的情形，地球上总是有陆地和水，而且它们的关系是变化着的。话说回来，我们知道“生命”的特征是运动，而运动就是**征服空间**。比如橡树从种子里长出两片幼叶，这正是在空间上的扩张，然后这两片幼叶将长成几人合抱的大树，这就是征服空间。所有生物的生命都是这样发展的。婴儿要喝奶，向母亲所在的地方移动，即是获得母亲占据着的邻近空间。人们的衣食住活动全部都是征服空间。像这样，一切生命都与空间结合在一起，而空间又因此反作用于生命，生命的空间是分成无数个大小不一的特殊生命空间的，而与之分别相对应，便有了各种各样的生命形式。在这种“生命空间”的思考中可以看到拉采尔最尖锐的洞察力。但是从上述概况中也能看出，他所探讨的“生命”说到底是生物学上的生命，并非具有主体性的生命，而且要求作为地理学家的他去研究具有主体性的生命问题也不免过分了些。但是在他发现具有深刻意义的赫 285
尔德思想中，正是包含着向主体生命迫近的要求的。因此，如果从主体性生命的角度来探究“生命空间”问题，则将会怎样呢？其结果只会归结到有生的空间、具有主体性的空间上去，这正是我们所要求的，拉采尔的生命空间正是把我们带向原来问题的入口处。

那么，拉采尔之后还有人通过这个入口吗？这里就要提到瑞

典的国家学者克吉伦[①]。他通过《生命形式的国家》（*Der Staat als Lebensform*，1924）一书继承了拉采尔的工作。按他所言，国家同个人一样，也是“**具有感性**和理性的”，它不是单纯的法的主体，而是一个活的有机体、超个人的生物。他用“国土与民族”（Reich und Volk）来把握之，从国土角度论证国家的是国土学（Geopolitik），从民族角度论证国家的是民族国家学（Ethnopolitik）。国土学把国家作为地理有机体对待，国土是国家的身体，因此国家具有地理个性。当然国家有时也反过来影响国土，可没有国土的国家是不存在的。正如对个人而言，伤害其身体并非指损坏这个人的所有物，而是指损坏了他的人体本身和他的人格，那么对国家而言，危害其领土就等于危害国家本身，**国土属于国家的人格**。这样的想法看起来似乎进一步发展了国家的主体性，但其实他根本没有离开拉采尔的立场，他把国家当成生物学上的有机体来考察便已经证明了这一点。这里我们又感觉到了
286 一种倾向，促使我们要更加明确地抓住属于国家人格的国土的主体性。

不过，克吉伦体现在实际中的促进作用是国土学（Geopolitik）运动。1928年《国土学杂志》（*Zeitschrift für Geopolitik*）创立时的宣言即明显反映出这一运动倾向：“国土学是关于政治过程受缚于大地的学问，它立足于广泛的地理学基础，特别是政治的空间有机体和作为其结构学的政治地理学基础之上。……国土学给

① 克吉伦（Rudolf Kjellén，1864—1922年），瑞典政治学家，政治家，地政学家。曾在各大学任教，受拉采尔影响，确立了地政学的领域。

政治行动提供武器，将成为国家生活的指导者。因此，它会成为具体指导实际政策的技术武装。……国土学欲成为国家的地理良心，并且也必须是这样。”由此也表明，Geopolitik 与其说是国土学，其实更近似于一种“领土政策”，甚至是殖民政策。我们的风土学不能对它期望太多。

具有国土学倾向的学者还可以列举出：德国的地理学家卡尔·豪斯霍费尔、埃里希·奥布斯特、奥托·毛尔、里夏德·亨尼希、赫尔曼·劳滕扎赫；历史学家瓦尔特·弗格尔；政治学家阿图尔·迪克斯；法国的韦达·白兰士、皮农、布吕纳、瓦洛；英国的麦金德、詹姆斯·费尔格里夫等。

最后，作为风土的心理学研究应该提到黑尔帕赫的著作：《风
土的精神现象》（1911 年初版，1923 年再版）。该书从自然科学 287
的心理学角度出发，阐述了天候、气候、土地、景观等“自然现象”的意义，并试图解明它们与心理生活间的因果关系。作为研究方向，它是令人感兴趣的，但它的立场本身与本章开头所举的希波克拉底则是一个样。它对待具体风土现象的态度就如同自然科学的心理学通常对待具体人类生活的态度一般，二者并无区别。

昭和三年（1928 年）十一月至四年（1929 年）一月

我对地理学是十分陌生的，起草上文时根本不了解法国的人文地理已经取得了如此飞速的发展。在上文结尾处举出韦达·白兰士的名字作为具有国土学倾向的学者之一时，还是参照了里夏德·亨尼希的《国土学》（1928 年）的。其实在此书出版的

六年前这个韦达·白兰士①的《人文地理学原理》（*Principes de Géographie Humaine*）已经出版了，而且同年吕西安·费弗尔的《大地与人类的进化》一书也已刊行，他对拉采尔的方法论提出了极其尖锐的批评，并指明了通向人文地理学的正确道路。如果当时我能够熟悉这些著述的话，那么风土学的历史考察大概就大不相同了。

后来，这些书通过饭塚浩二的努力翻译成日语，由岩波书店出版了。主要有以下两种：

白兰士著，饭塚浩二译，《人文地理学原理》上下两卷，昭和十五年

费弗尔著，饭塚浩二译，《大地与人类的进化》上下两卷，昭

288 和十六年、十七年

如果这些书在日本广泛流传，那么鉴于自己的浅知陋见，深感要是这章《风土学的历史考察》没写倒好，不过正如本书第一章中所述，我的风土学目的未必尽同于人文地理学，因此作为自己摸索的记录，上文就按其最初形状保留下来了。

另外，关于本书以后进行的风土学方面的考察，可参照近期出版的《伦理学》下卷，本书第一章中说明的计划在那里有系统地铺展开来了。

昭和二十三年（1948 年）十二月

① 韦达·白兰士（Vidal de la Blache，1845—1918年），法国地理学家。曾任巴黎大学教授，受德国地理学的影响较深，为法国人文地理学的创始人之一。

图书在版编目(CIP)数据

风土/(日)和辻哲郎著;陈力卫译.—北京:商务印书馆,2024
(汉译世界学术名著丛书:120年纪念版:珍藏本:增订本)
ISBN 978-7-100-23770-3

Ⅰ.①风… Ⅱ.①和…②陈… Ⅲ.①民族文化—研究—世界 Ⅳ.①G03

中国国家版本馆CIP数据核字(2024)第077957号

权利保留,侵权必究。

汉译世界学术名著丛书
(120年纪念版·珍藏本·增订本)
风土
〔日〕和辻哲郎 著
陈力卫 译

商 务 印 书 馆 出 版
(北京王府井大街36号 邮政编码100710)
商 务 印 书 馆 发 行
北京中科印刷有限公司印刷
ISBN 978-7-100-23770-3

2024年5月第1版 开本710×1000 1/16
2024年5月北京第1次印刷 印张15
定价:75.00元